ESSAI

SUR

LA VIE ET LES OUVRAGES

DE L'ABBÉ PREVOST.

ESSAI

SUR

LA VIE ET LES OUVRAGES DE L'ABBÉ PRÉVOST.

PARIS,

LEBLANC, IMPRIMEUR-LIBRAIRE.

1810.

ESSAI
SUR
LA VIE ET LES OUVRAGES DE L'ABBÉ PRÉVOST.

PREMIÈRE PARTIE.

TOUT intéresse dans la vie des hommes célèbres; les plus petits détails de leur enfance ou de leur jeunesse excitent vivement la curiosité. Plus âgés, on aime à les voir dans leur intérieur; on veut connoître le fils, l'époux, le père, après avoir admiré l'éloquent écrivain ou le profond penseur.

Placé au nombre des premiers écrivains de la France, l'abbé Prévost exciterait le plus vif intérêt, lors même que sa vie ne seroit pas remplie des aventures les plus singulières. Son existence fut semblable à celle des héros de ses romans; toujours agité, toujours poursuivi par ses passions, il ne vit de bonheur que dans les extrêmes, et nous serions portés à croire qu'il ne peignit si bien les tourments du cœur que parce qu'il les avoit sentis dans toute leur vivacité.

Nous avons dit que l'abbé Prévost devoit être considéré comme un des plus grands écrivains du dix-huitième siècle, et nous ajoutons, avec un de nos meilleurs critiques que, s'il eût appliqué son talent à l'histoire, au-lieu de le consacrer au roman, il se seroit placé parmi nos premiers historiens. Son style, plein de verve, d'harmonie et de grâce, ne le cède point à sa brillante imagination. On a beaucoup discuté sur son mérite et sur celui de Le Sage, et sans doute il seroit bien difficile de décider entre eux. Les romans de l'abbé Prévost sont des drames, comme ceux de Le Sage sont des comédies. Le premier a peint l'homme livré à toutes les passions du cœur, ne connoissant d'autre bonheur que celui d'être aimé, d'autre infortune que celle d'être abandonné de l'objet de sa tendresse; le second a mis l'homme aux prises avec la fortune; il a dévoilé les ruses de son esprit et les foiblesses de son cœur, et nous a fait rire de nos propres ridicules. Le caractère de Gil Blas appartient à la plupart des hommes; celui de des Grieux se retrouve dans presque tous les jeunes gens passionnés. Le Sage a le style de la comédie, et peint les mœurs; Prévost a le style de l'histoire, et peint les passions du cœur; avec eux l'attention ne languit jamais; l'un est profond, l'autre est pathétique, mais tous deux nous attachent et nous amusent, et tous deux peignent la nature.

Mais nous nous hâtons de terminer ces réflexions que nous avons cru devoir nous permettre, pour donner à nos lecteurs une idée générale de la manière des deux écrivains, dont nous publions les Œuvres, et nous commençons la vie de l'abbé Prévost.

Antoine-François Prévost d'Exiles naquit à Hesdin, ville forte du comté d'Artois, le premier jour d'avril 1697, de Marie Duclaie et de Lievin Prévost, procureur du roi au bailliage. La ville d'Esdin avoit un collège, où le jeune Prévost fit de bonne heure ses humanités. Son père, quoiqu'occupé des devoirs d'une charge importante, présida lui-même à l'éducation de cinq garçons, dont celui-ci étoit le second, et ses progrès furent aussi rapides que surprenants.

Le collège d'Esdin appartenoit alors aux

Jésuites. Cette société, exercée à épier le mérite naissant dans ses élèves, vit avec plaisir les dispositions de cet enfant, et, fidèle à ses principes, elle résolut de se l'attacher. Les moyens de persuasion ne manquent pas pour séduire un âge qui semble ne penser que par l'ame de ses instituteurs; et le jeune Prévost, qui avoit doublé sa rhétorique au collège d'Harcourt à Paris, n'en sortit que pour passer au noviciat. Sa famille ne s'opposa point à sa vocation.

Mais sa ferveur ne se soutint pas long-temps; à-peine avoit-il atteint l'âge de seize ans qu'il quitta, par une résolution subite, l'habit de novice, pour prendre celui de volontaire; ce ne fut pas sans causer une vive surprise à son père, qu'il s'étoit bien gardé de mettre dans sa confidence.

Cette fuite soudaine ne doit encore être regardée que comme l'effet de l'inconstance naturelle à cet âge. Sa naissance et sa fortune lui permettoient l'espoir de s'élever dans les grades militaires. Mais cela ne pouvoit avoir lieu de suite, et la jeunesse est trop impatiente pour vivre long-temps dans l'espérance. La vivacité du jeune Prévost ne lui permit donc pas de s'accommoder de cette lenteur, et l'avenir brillant que ses premiers maîtres lui avoient fait entrevoir, se retraçant à sa mémoire, il reprit du goût pour le noviciat.

La joie des jésuites en le revoyant ne se représenteroit pas plus facilement que le regret qu'ils avoient ressenti de sa perte. Il ne fut pas question d'user de remontrances, ni des moyens que la prudence leur auroit sans doute inspirés, pour se rendre certains du repentir d'un coupable ordinaire. La douceur et les caresses furent seules employées, avec un art qui leur étoit propre.

Il est clair que ce jeune homme n'auroit pas trouvé ailleurs d'aussi grandes facilités pour acquérir la gloire qui suit les talents; et ce qu'une pareille idée offroit de flatteur, ne lui fut pas apparemment déguisé. Il en falloit bien moins pour échauffer une jeune tête, dont l'imagination vagabonde secondoit merveilleusement les vues des jésuites. Dans la première chaleur de son zèle, il composa une *Ode à Saint-François-Xavier*.

Ce zèle ne devoit pas tarder à changer d'objet. Un besoin impérieux, devant lequel tout autre se tait, même celui de la gloire, commençoit à le dominer. S'il n'apporta guère ses soins à le dompter, il comprit au-moins, comme il le devoit, que ce n'étoit pas dans un cloître qu'il lui étoit permis de s'y livrer. La profession des armes lui parut beaucoup mieux s'accorder avec la liberté dont il vouloit jouir à tout prix. Il frémit des chaînes dont il avoit été près de se charger, et revint au métier de la guerre, ne se souvenant déjà plus des dégoûts qui l'en avoient éloigné.

Son père, qui avoit vu avec un extrême déplaisir ses premiers égarements, fut disposé moins favorablement que jamais. Cette rechute détruisoit tout espoir d'une jeunesse paisible : d'ailleurs, une pareille faute étoit assez grave, pour attirer au transfuge, au-moins de fortes remontrances. Il s'arrangea pour en épargner le soin à son père, et il ne parut plus dans sa famille.

Ses connoissances variées et son amabilité lui ouvrirent la porte des meilleures maisons; il s'y distingua même par plusieurs ouvrages soit en vers, soit en prose. Son esprit, la noblesse et la régularité de ses traits, tous les agréments répandus sur sa personne, le firent bientôt remarquer d'un sexe qui n'est pas plus ennemi que le nôtre de ces avantages extérieurs. Dès-lors toutes les jouissances dont son cœur étoit si avide, lui furent assurées, et il ne put y avoir d'embarras pour lui que dans le choix de ses conquêtes. Il se livra au plaisir avec tout l'emportement de son âge, jusqu'au moment où ayant été trompé par une femme dont il étoit éperdûment amoureux, il prit l'amour en haîne, et courut s'ensevelir dans l'ordre des Bénédictins de Saint-Maur. Ainsi, à l'âge de vingt-deux ans, tous ses liens avec le monde furent de nouveau rompus.

Les Bénédictins dont il embrassoit la règle, le reçurent avec transport. Ravis de la préférence qu'ils obtenoient, lorsque tout pouvoit le rappeler vers ses anciens maîtres, qui auroient ouvert les bras une troisième fois pour le recevoir, ils s'en félicitèrent comme d'une conquête qu'ils n'avoient pas moins faite sur les enfants d'Ignace, que sur les voluptés mondaines. Au bout d'une année de noviciat, il prononça ses vœux et se vit enfin enchaîné pour sa vie. Personne de sa famille ni de ses amis ne sut où il étoit, et il leur déroba la connoissance de sa retraite aussi long-temps qu'il le put.

Dès qu'il eut consommé son sacrifice, il fut envoyé à l'abbaye de Saint-Ouen de Rouen, où un P. le Brun, jésuite, lui suscita une dispute qui donna lieu de part et d'autre à divers écrits. Du côté du père le Brun, les raisons furent beaucoup plus ménagées que les injures; D. Prévost suivit un autre plan. On cite à cette occasion un trait qui rend témoignage de l'excellence de son caractère. Dans la chaleur d'un premier mouvement, il alloit faire imprimer une réponse un peu vive; mais il ne l'eut pas plus tôt donnée qu'il s'en repentit, et la retira des mains du libraire à qui il fallut la redemander bien des fois; le libraire auroit désiré la retenir, précisément pour la raison que D. Prévost eut de la reprendre.

De Saint-Ouen, il fut à l'abbaye du Bec, pour y faire un cours de théologie. On l'envoya ensuite professer les humanités au collége de Saint-Germer; il avoit reçu l'ordre de la prêtrise des mains de l'évêque d'Amiens.

Il étoit à Saint-Germer lorsque la ville d'Evreux, ayant besoin d'un prédicateur, s'adressa aux Bénédictins. Ils lui donnèrent D. Prévost. Ce premier essai de ses talents fut très-heureux, et comme le prélude de la célébrité qu'il devoit obtenir, dans un genre qui n'a guère de rapport avec la chaire. L'habile prédicateur savoit mettre en œuvre tous les ornements que peut recevoir la parole de Dieu, et sous lesquels elle se montre toujours avec succès. Aussi fit-elle dans sa bouche une fortune prodigieuse. Dès qu'il parut, l'église cathédrale devint le rendez-vous de la bonne compagnie; chacun y venoit ouïr un Bénédictin poli par l'usage du monde; chacun sortoit ému et ébranlé; le morceau qu'on jugeoit au-dessus de tous les autres, étoit toujours celui qu'on venoit d'entendre, et le lendemain la foule s'y reportoit encore. Enfin jamais on n'avoit vu une si grande ferveur dans toute la ville d'Evreux.

Son carême prêché, D. Prévost passa aux Blancs-Manteaux de Paris, et des Blancs-Manteaux à la célèbre abbaye de Saint-Germain-des-Prés, où l'ordre rassembloit tout ce qu'il y avoit dans son sein d'hommes de quelque supériorité, et qu'on pouvoit ainsi en regarder comme la métropole.

A Saint-Germain tous les savans Bénédictins le recherchèrent; ils lui firent même l'honneur de l'employer à l'énorme collection de la *Gaule Chrétienne* *, dont le mérite est tout en érudition et en recherches. Un volume presque entier lui appartient. On pense bien que son goût ne fut pas consulté, lorsqu'on le chargea d'un travail capable de glacer l'imagination la plus ardente. Il faut dire aussi qu'il savoit se dédommager agréablement de ces grands travaux, et il passe pour constant que les deux premiers volumes des *Mémoires d'un Homme de qualité*, furent écrits à Saint-Germain-des-Prés. Quand la communauté l'auroit soupçonné, il ne paroît pas qu'elle s'en fût fort alarmée. C'est une chose connue, qu'il arrivoit assez souvent aux Bénédictins de se rassembler, et de l'appeler pour charmer l'ennui des longues soirées d'hiver. Prévost, sans autre secours que son talent d'imaginer, sans être préparé, s'engageoit dans des récits, dont la singularité soutenue du charme d'une expression pure et facile, lui obtenoit toute l'attention qu'auroient exigée des matières plus sérieuses.

Il auroit été trop heureux, s'il eût retiré du commerce de ces moines tout l'agrément que le sien leur procuroit. Qui ne

* *Gallia Christiana.*

croiroit qu'une société d'hommes qu'un même but a dû réunir, et qui ont tous à remplir les mêmes devoirs, faits pour vivre et mourir ensemble; qui ne croiroit, dis-je, qu'ils ne dussent ouvrir leur ame à ce sentiment exquis, par lequel elle s'agrandit en se communiquant, et qui fait de la vie un échange continuel de soins et de prévenances? D. Prévost étoit trop bon observateur pour ne pas voir que l'intérêt personnel étoit là aussi bien qu'ailleurs le mobile des actions humaines; aussi se retiroit-il souvent dans sa cellule où il se retrouvoit avec ses livres, *morts comme lui*, suivant son expression. De plus, ses anciens attachements commençant à revivre au fond de son cœur, contribuèrent à fortifier ses regrets, et l'on peut juger de la force de ses tentations par cette lettre qu'il écrivit à un de ses frères :

« Je connois la foiblesse de mon cœur, » et je sens de quelle importance il est » pour son repos, de ne point m'appli- » quer à des sciences stériles, qui le » laisseroient dans la sécheresse et dans » la langueur : il faut, si je veux être heu- » reux dans la religion, que je conserve » dans toute sa force l'impression de

» grace qui m'y a amené. Il faut que je » veille sans cesse à éloigner tout ce qui » pourroit l'affoiblir. Je n'aperçois que » trop tous les jours de quoi je rede- » viendrois capable, si je perdois un mo- » ment de vue la grande règle, ou même » si je regardois avec la moindre com- » plaisance, certaines images qui ne se » présentent que trop souvent à mon » esprit, et qui n'auroient encore que » trop de force pour me séduire, quoi- » qu'elles soient à demi-effacées. Qu'on » a de peine, mon cher frère, à repren- » dre un peu de vigueur, quand on s'est » fait une habitude de sa foiblesse; et qu'il » en coûte à combattre pour la victoire, » quand on a trouvé long-temps de la » douceur à se laisser vaincre! »

En proie au désir de rentrer dans le monde, il s'ouvrit à quelques amis. La conjoncture étoit délicate; le moyen de revenir contre des vœux dont aucune formalité n'avoit été oubliée! On examina, on se consulta; enfin, le seul adoucissement qu'on sut trouver, fut d'obtenir pour lui une permission de passer à Cluni, où la règle étoit moins austère qu'à Saint-Maur. C'étoit une foible ressource. Toutefois il se livra à l'espérance de se voir soulagé d'une partie du poids de ses fers, puisqu'ils ne pouvoient être rompus. Il ne s'agissoit que d'avoir un bref de translation. Rome l'accorda, sur la demande qu'on en fit très-secrettement. D. Prévost ne crut pas que l'évêque d'Amiens, à qui il fut envoyé pour être fulminé, se montreroit plus difficile que le pape. Il venoit de recevoir du prélat une lettre où toutes ses espérances étoient confirmées ; il ne doutoit pas de sa sincérité; mais son mauvais génie travailloit contre lui.

Un jour le pénitencier d'Amiens étant entré dans le cabinet de l'évêque, ses yeux s'arrêtèrent sur la table où étoit le bref ; il le lut, sans qu'on en apporte d'autre motif qu'un mouvement de curiosité. Elle fut fatale à celui que le bref touchoit. Quand l'indiscret pénitencier se fut fait expliquer par le prélat qu'il dominoit, tout ce qui avoit rapport à cette pièce, il en prit occasion de s'échauffer beaucoup. Rome, à l'entendre, étoit prodigue de ces graces; le monde seroit rempli de moines dégoûtés de leur état, pour peu que l'on consentît à les écouter ; le goût de D. Prévost pour l'indépendance, et sa frivolité, étoient connus; s'il avoit de meilleures raisons à alléguer, on les entendroit; mais on ne pouvoit rien résoudre auparavant. Le foible prélat se laissant persuader, la fulmination fut différée, sans que D. Prévost en fût seulement informé.

Toujours fort tranquille du côté d'Amiens, il faisoit gaiement les préparatifs de son départ. Dès qu'il crut que l'affaire du bref étoit réglée, il sortit de Saint-Germain. Ses amis l'attendoient au jardin du Luxembourg, où ils le dépouillèrent de ses habits monastiques, qui furent renvoyés à l'abbaye. En partant, il avoit laissé trois lettres dans sa cellule; une pour le P. Général, une autre pour le P. Prieur, la troisième adressée à un autre religieux. Dans ces trois lettres, il leur donnoit avis de sa retraite, et il en disoit les raisons.

Il passa le reste de la journée et une partie de la nuit à se réjouir avec ses amis, de l'heureux dénouement de son aventure; il ne prévoyoit guère ce qui l'attendoit le jour suivant. S'étant rendu chez l'évêque d'Amiens, le prélat lui dit d'un air embarrassé qu'il auroit bien voulu se prêter à ses vûes; mais que la chose avoit éprouvé de trop grandes difficultés; qu'on parloit par-tout de son humeur légère ; qu'il feroit sagement de retourner à sa maison, et qu'en s'observant mieux à l'avenir, il parviendroit à faire taire ces bruits ; que si cependant il avoit des motifs légitimes, il étoit libre de les exposer, et qu'on les examineroit à loisir. Prévost demeura pétrifié à ce discours ; il se retira pour délibérer sur le parti qu'il lui convenoit de prendre ; et enfin, autant pour éviter d'être témoin de l'espèce de scandale dont il alloit devenir l'objet, que pour la sûreté de sa personne, il se tint à la résolution de se retirer en Hollande, d'où il passa en Angleterre. Après y avoir séjourné quelque temps, il revint sur ses pas, et s'établit encore en Hollande.

Les Bénédictins qui l'apprécièrent davantage lorsqu'il fut perdu pour eux, ne balancèrent pas à le solliciter de revenir. Ils ajoutèrent des offres dont la moindre étoit l'oubli de tout le passé ; mais quelle apparence, même en les supposant sincères, qu'il se déterminât à leur faire de rechef le sacrifice de sa liberté. Son étoile plus forte le retint en Hollande.

L'aventure qui l'y avoit conduit n'étoit pas propre à lui rendre l'amitié de sa famille. Il fut donc obligé de recourir à la bourse de ses amis. Les ressources qu'il en obtint n'alloient pas au-delà des besoins urgents du moment. Il fallut, lorsqu'elles furent épuisées, employer celles que ses talents lui offroient, et dont il fit un si grand usage dans la suite. Il n'eut alors qu'à mettre la dernière main à ses *Mémoires d'un Homme de qualité*, et à leur faire voir le jour. Ils parurent entre les années 1728 et 1733. Quand on ne sauroit pas l'histoire de ce roman, on jugeroit à la tristesse qui y règne, qu'il n'a pu être imaginé que dans une solitude cloîtrée.

On en trouve les événements extrêmement bizarres; le sont-ils autant que ceux des seize années qui suivirent l'enfance de l'abbé Prévost? Il y auroit bien de la hardiesse à le prétendre. Qu'un homme né avec un violent penchant aux plaisirs, dont une imagination vive lui exagère encore le prix, rompe avec eux tout-d'un-coup; qu'assujetti au fond d'un monastère à une règle sévère qu'il observe dans le sens le plus étroit, il puisse résister près de dix ans à la voix enchanteresse des passions, et cela sans qu'il ait été amené à cette abnégation de soi-même par des motifs supérieurs à l'humanité; un tel être est sans doute possible, puisqu'il a existé; mais en le reléguant dans un roman, il seroit loin de satisfaire ceux qui exigent que ces productions se rapprochent de la vraisemblance, et il faut pardonner à l'abbé Prévost d'avoir consacré plus de la moitié de sa vie à inventer et à écrire des aventures imaginaires, presque aussi incroyables que les siennes.

Le grand succès de son premier ouvrage ne le consola pas des chagrins qu'il eut à dévorer. Le plus vif eut sa source dans un incident qui mérite d'être raconté. Il y avoit à La Haye une demoiselle protestante très-bien née, dont la beauté, l'esprit et les graces formoient un assemblage charmant. Cette demoiselle étoit très-malheureuse, parce qu'en Hollande, comme ailleurs, ces avantages, quand la sagesse s'y trouve unie, ne suppléent pas toujours à la fortune. Elle vivoit d'une modique pension, dont une partie venoit de lui être retranchée, lorsque Prévost se lia, par hazard, avec elle. Elle se seroit bien gardée de lui témoigner quelque chose de son embarras; mais il l'avoit deviné, et cela lui suffisoit. Ses offres furent celles d'un homme qui craignoit sur-tout d'être refusé; mais elles étoient faites avec tant de délicatesse et de réserve, qu'il y auroit eu une sorte de dureté à ne point se laisser vaincre. Cette demoiselle n'étoit pas moins sensible qu'infortunée; son bienfaiteur étoit aimable, et l'amour se glissa dans le cœur de la jeune protestante avec la reconnoissance. Dans ses idées, conformes à ses principes de religion, les vœux de son amant n'étoient point un obstacle à ce qu'elle l'épousât, aussi ne balança-t-elle pas à lui en faire la proposition, qu'il ne lui étoit pas possible d'accepter, sans rompre ses vœux et manquer à la société, à sa conscience et à Dieu. De plus, dans sa position, épouser une protestante, en pays protestant, c'étoit rendre impossible son retour dans sa patrie, vers laquelle ses yeux se tournoient souvent. Réglant sa réponse sur ces réflexions, il lui parla avec la franchise dont elle lui avoit donné l'exemple. Il étoit bien aimé, puisque les sentiments de son amante résistèrent à cette épreuve, et qu'elle ne put même soutenir la pensée de se séparer de lui. Aussi, lorsqu'il alla s'établir en Angleterre, elle l'y suivit.

Une pareille aventure n'avoit sans doute rien d'extraordinaire; cependant l'abbé Lenglet Dufresnoy contribua de tout son pouvoir à lui donner de l'éclat. Ravi d'avoir une telle occasion de satisfaire son goût effréné pour la satire, il s'échappa jusqu'à imprimer dans sa *Bibliothèque des Romans* *, ce qu'il eut pourtant la pudeur de ne pas avouer publiquement, que D. Prévost s'étoit laissé enlever par une fille ou par une femme. Dans la suite du même ouvrage, il ne tint pas à lui qu'on ne prît une aussi mauvaise opinion de la probité et de la croyance de Prévost que de ses mœurs. On remarque, en lisant ce libelle, qu'il y fait toute sorte d'efforts pour être méchant plaisamment; mais ses plaisanteries sont d'un goût si équivoque, ses expressions si nues, qu'il n'y a pas moyen de les présenter à un lecteur honnête.

La première de ces accusations d'un genre nouveau, fut expliquée dans le sens que l'abbé Lenglet le désiroit. Personne ne crut que Prévost s'étoit laissé enlever, mais on se figura qu'il avoit été le ravisseur, quelque peu de vraisemblance qu'il y eût à celà.

Par le défaut de délicatesse que le satirique lui reprochoit, il entendoit quelques dettes laissées en Hollande. Cette imputation fut reçue moins favorablement que

* Tome II, page 116.

la première. Ces dettes qui alloient être éteintes, Prévost ne les avoit contractées que pour subvenir aux besoins de plusieurs infortunés. On fait des dettes, parce qu'on a des besoins, et plus souvent des fantaisies; on en fait si rarement pour secourir ses semblables, que l'aveu qui en fut surpris à sa modestie, ne lui fut pas moins honorable qu'il fut douloureux à l'abbé Lenglet. Il est assez remarquable que la connoissance du plus beau trait de la vie de Prévost et qui le caractérise le mieux, soit due à son plus mortel ennemi.

Touchant l'article de la croyance, on se persuadera difficilement, sur la foi de l'abbé Lenglet, qu'un homme qui a toujours respecté la religion dans ses ouvrages, en ait tout-à-fait manqué. En accordant qu'il y a eu quelque imprudence à reprendre dans sa conduite, la différence est bien grande entre les foiblesses du cœur et les erreurs de l'esprit.

Il étoit à Londres lorsque cet écrit diffamatoire devint public. Il avoue dans sa défense *, qui ne parut que bien long-temps après, qu'il a beaucoup tardé à répondre, ayant été obligé de faire venir exprès de

* Pour et Contre, tome IV, nombre 47.

Paris le livre où on l'attaquoit, et qu'il ne pouvoit se procurer, dans un pays où l'on ne voit arriver que les bons ouvrages. Cette réponse offre l'exemple d'une modération dont il est peut-être impossible qu'un homme aussi indignement attaqué dans ses mœurs, dans son honneur, dans sa religion, ait jamais été capable. Nous en citerons le fragment suivant, où l'abbé Prévost s'exprime, il est vrai, un peu différemment sur cette aventure; mais c'est au public à juger les raisons de cette différence.

« Pendant mon séjour à La Haye, le
» hazard me fit lier connoissance avec une
» demoiselle de mérite et de naissance,
» dont la fortune avoit été fort dérangée
» par divers accidents qui n'appartiennent
» point au sujet. Un homme d'honneur,
» qui faisoit sa demeure à Amsterdam, lui
» faisoit tenir régulièrement une pension
» modique, sans autre motif que sa géné-
» rosité. Elle vivoit honnêtement de ce se-
» cours, lorsque son bienfaiteur se trouva
» forcé, par l'état de ses propres affaires,
» de retrancher quelque chose à ses libéra-
» lités. J'appris ce changement qui devoit
» la mettre dans le dernier embarras. J'en
» fus touché; je lui offris tout ce qui étoit

» en mon pouvoir, et je la fis consentir à
» l'accepter. Diverses raisons m'ayant
» porté quelques mois après à quitter La
» Haye pour repasser en Angleterre, je
» lui fis connoître la nécessité de mon dé-
» part, et je lui promis que, dans quelque
» lieu qu'elle voulût faire sa demeure,
» j'aurois soin de pourvoir honnêtement à
» son entretien. Elle n'avoit aucune raison
» d'aimer La Haye, où elle ne pouvoit
» vivre que tristement sans bien de la for-
» tune. Elle me proposa de la faire passer
» à Londres, dans l'espérance qu'avec
» toutes les qualités et tous les petits talents
» qu'on peut désirer dans une personne
» bien élevée, je pourrois lui faire trou-
» ver, par une entremise de mes amis,
» une retraite honorable et tranquille au-
» près de quelque dame de distinction :
» j'y consentis. Elle a mérité en effet, par
» sa conduite et ses bonnes qualités, l'es-
» time d'une infinité d'honnêtes gens qui
» s'intéressent en sa faveur; et moi, qui
» ne lui ai jamais trouvé que de l'honnê-
» teté et du mérite, je n'ai pas cessé de
» lui rendre tous les bons offices qui ont
» dépendu de ma situation ».

Il est difficile d'imaginer quelle offense de sa part avoit pu justifier dans son adversaire de pareilles représailles. L'abbé Prévost nous l'apprend. Il est certain de n'avoir eu d'autre tort avec lui que le refus qu'il fit d'assurer la vérité d'une de ses remarques qu'il croyoit fausse; l'amour-propre blessé fut donc l'unique cause de toutes les calomnies débitées par M. l'abbé Lenglet.

C'est à l'année 1733 ou 1734 qu'il faut rapporter cette querelle. Il avoit mis au jour, en 1732, son histoire de *Cleveland*, le premier des romans dans le genre terrible, qui fut suivie de celle du *Chevalier des Grieux et de Manon Lescaut*, d'un ton différent, et de laquelle on a tant de fois répété l'éloge. Elle se trouve jointe aux *Mémoires d'un Homme de Qualité*, et n'en est qu'un épisode; on ne sait trop pourquoi.

Après avoir déployé dans ces trois productions, toutes les richesses de son imagination, il prouva l'étendue de ses connoissances et l'infaillibilité de son goût, dans un ouvrage périodique qu'il donna sous le titre de *Pour et Contre*. La première feuille en parut en 1733. Il étoit fait sur un plan qui n'avoit nulle ressemblance avec les journaux d'alors; on le reçut très-favorablement. Mais l'auteur étoit trop ennemi de toute contrainte, pour que cette occupation qui l'assujettissoit beaucoup, pût long-temps lui convenir. Dès le second volume, il pensa s'attirer avec le public une querelle qu'il vit néanmoins se terminer d'une manière fort satisfaisante pour lui. Il s'étoit avisé de se reposer de son travail sur une autre plume, à la charge qu'elle se conformeroit à son plan. Quelque précaution qu'il eût apportée à son choix, le public, à qui il avoit espéré de faire prendre le change, se douta qu'on le trompoit. L'abbé Prévost fut ainsi contraint de faire lui-même son journal. Il le reprit à la troisième feuille du troisième volume. Et, après s'être excusé, il donnoit à entendre au public que ses reproches ne lui avoient pas déplu; et, plaisantant agréablement, il comparoit ce même public, à qui on n'en impose pas, à Argus dont une partie des yeux veille toujours, tandis que l'autre s'est laissé surprendre au sommeil. Il eut le courage, jusqu'au dix-septième volume, de ne pas abandonner sa tâche. La manière de Lefevre-de-Saint-Marc, son continuateur, n'étant pas encore goûtée, il reprit le *Pour et Contre* au dix-neuvième, pour l'abandonner entièrement au volume suivant. Des vingt volumes, les quatre premiers seulement furent faits pendant son séjour à Londres.

Quelques jouissances qu'il fût en droit d'attendre de ses talents dans cet asile, il sentoit qu'il n'est de véritable bonheur qu'au sein de sa famille et de sa patrie. Mais le souvenir de ce qui l'en avoit éloigné, y subsistoit encore, du-moins dans la mémoire de ses ennemis. Tant qu'il avoit été hors de leurs atteintes, ils ne lui avoient porté leurs coups que dans des libelles. N'étoit-il pas à craindre qu'au premier bruit de son arrivée, ils ne lui suscitassent quelqu'affaire fâcheuse? Afin de mieux se débarrasser de toutes ces inquiétudes, il prit le parti de solliciter ouvertement son retour en France. Le cardinal de Bissy et feu M. le prince de Conti l'appuyèrent. De tels défenseurs répondent à bien des objections. Il fut permis à Prévost de reparoître sous l'habit ecclésiastique séculier; c'étoit à quoi ses vœux se bornoient. Le prince ne se crut pas quitte envers un homme de ce mérite, pour avoir obtenu son retour. Il voulut se l'attacher d'une manière particulière, en le nommant son aumônier. Celui-ci se défendit quelque temps, avec beaucoup de modestie, d'accepter cette faveur; mais

S. A., d'une seule parole, combattit son scrupule, et de si bonne grace, qu'elle l'emporta. Il y a aussi quelque apparence que l'abbé Prévost avoit désiré d'être vaincu, et qu'il n'attendoit que cette parole pour se rendre.

Les fonctions de sa nouvelle place n'étoient point assez pénibles, pour le détourner de ses travaux littéraires. Il publia en 1735 un quatrième roman sous le titre du *Doyen de Killerine*, et continua sur son premier plan le *Pour et Contre*, à l'aide de ses correspondants anglois. Le *Doyen de Killerine* fut bien accueilli de tout le monde, excepté de l'abbé Desfontaines qui cita l'ouvrage à son tribunal *. Cependant, après l'avoir déchiré à plaisir, la force de la vérité lui arrache cet aveu, que le style de l'auteur est vif, nombreux, élégant sans affectation et qu'il peint bien; et par un trait de laconisme propre à Desfontaines, tandis que la critique remplit près de quatre pages, l'éloge n'occupe pas trois lignes. Quel qu'il soit, ce témoignage d'un homme si peu prodigue de louanges, sur-

* Observations sur les écrits modernes, tom. II, pag. 92 et suiv.

tout à l'égard de l'abbé Prévost, devient extrêmement glorieux pour lui.

Tranquille désormais en France, le cœur libre, jouissant sous la protection d'un prince ami des lettres, du repos qui est sur-tout l'objet de leur ambition, il vit plus que jamais se multiplier ses productions. *L'Histoire de Marguerite d'Anjou*[1], celle *d'une Grecque moderne*[2], *les Campagnes philosophiques*, ou *Mémoires de Moncal*[3], *l'Histoire de la jeunesse du commandeur de.....*[4], celle *de Guillaume le Conquérant*[5], *la Vie*[6] *et les Lettres de Cicéron*[7]; *les Voyages de Robert Lade*[8], les *Mémoires d'un Honnête Homme*[9], virent le jour successivement. On n'éprouvera pas un médiocre embarras à décider ce qu'on doit le plus admirer de l'aimable variété des événements et des situations, ou de l'agrément que donnoit à ses ouvrages un style tour-à-tour simple, touchant, plein de chaleur, et toujours pur et orné. On assure que la facilité de l'abbé Prévost étoit si grande,

---

[1] 1740.
[2] 1740.
[3] 1741.
[4] 1741.
[5] 1742.
[6] 1743.
[7] 1744 et 1747.
[8] 1744.
[9] 1745.

qu'il pouvoit, dans le feu du travail, se mêler à une conversation sur quelque matière que ce fût, et y faire remarquer encore sa grace à s'exprimer. Sous bien des points de vue, ce n'étoit pas un être ordinaire que la nature avoit voulu former.

Il n'avoit pu être corrigé de la bienfaisance par tous les ingrats qu'il avoit faits. Un écrivain de feuilles à la main, qu'il avoit connu dans son enfance, et qui avoit bien de la peine à faire subsister sa famille, vint lui exposer sa misère avec plus de chaleur qu'il n'en falloit pour toucher l'abbé Prévost; le succès de sa première visite l'encouragea à revenir souvent. Lorsqu'il avoit exercé la générosité de son bienfaiteur, il lui arrivoit quelquefois de lui demander des conseils pour ses feuilles. La barbarie de son style ne répondoit pas mal, il est vrai, à la bassesse de son cœur; mais ce n'étoit pas là tout ce qui faisoit la difficulté des corrections. Il avoit imaginé qu'un moyen sûr de répandre sa gazette, et d'en accroître les profits, étoit de s'expliquer sur tout librement, et sans aucun égard ni pour les circonstances, ni pour les lieux, ni pour les personnes. L'abbé Prévost s'efforçoit de lui représenter que sa méthode n'étoit pas sans danger ; qu'il y avoit des choses qu'un homme prudent pouvoit penser, d'autres qu'il lui étoit libre d'écrire; mais ces observations étoient inutiles. Peu de temps après, le nouvelliste ayant été renfermé, ses papiers furent saisis. Il eut soin d'abord de dénoncer celui qui fournissoit si généreusement à sa subsistance. Ce dernier avoit eu la complaisance de corriger de sa main une de ces feuilles : sa liberté fut menacée, et il fut obligé de s'éloigner de Paris, où il n'y avoit plus de sûreté pour lui. M. le prince de Conti facilita sa retraite à Bruxelles; mais cette disgrace, à laquelle chacun s'empressa de prendre part, ne fut pas heureusement de longue durée.

Il attachoit aussi peu d'importance à ses intérêts, qu'il se portoit facilement à se charger de ceux d'autrui. Un fermier-général * chez lequel il alloit souvent, lui offrit de prendre sur lui tous les frais d'impression de l'*Histoire générale des Voyages*. C'étoit pour le financier une dépense de plus de quatre mille louis, et pour l'auteur un bénéfice d'autant. On ignore quelles furent les raisons qui l'en-

* De la Boissière.

gagèrent à refuser une aussi belle proposition. Le même fermier-général avoit voulu aussi inutilement lui faire accepter une pension viagère. Il ne devoit pas s'attendre, en effet, à trouver sur ce point beaucoup de complaisance dans un homme qui avoit coutume de dire qu'un jardin, une vache et deux poules lui suffiroient, et l'abbé Prévost s'étant aperçu que les enfants de ce financier murmuroient des offres généreuses de leur père, il se retira d'une maison où il paroissoit être devenu un objet de jalousie.

Aussitôt qu'il se vit rappelé dans sa patrie, il commença, à la prière de l'illustre chancelier d'Aguesseau, l'*Histoire générale des Voyages*, entreprise immense et nécessaire. Une société d'Anglois s'étoit déjà formée pour l'exécuter. Il ne s'agissoit pour l'abbé Prévost que de les suivre. Il recevoit successivement cet ouvrage par feuilles détachées, comme il se publioit à Londres. Ces feuilles parvenoient à M. d'Aguesseau, quoique toutes les communications fussent fermées à cause de la guerre que se faisoient la France et l'Angleterre. Un tel homme méritoit, il est vrai, que la mer devînt libre pour lui; et une si haute estime de la part d'une nation qui ne se prévient pas volontiers en faveur des étrangers, deviendroit la matière d'un assez bel éloge du chancelier.

Les Anglois s'arrêtèrent au septième volume *in*-4.° La constance et peut-être aussi le talent leur manquèrent. Ils n'eurent pas néanmoins assez de courage pour en faire l'aveu ; mais ils se rejetèrent sur le gouvernement, et l'accusèrent de ne leur avoir pas donné l'assistance qu'il leur devoit.

Les encouragements devenoient plus nécessaires que jamais à l'abbé Prévost resté seul dans la carrière ; ils ne lui manquèrent pas. Les bibliothèques de Paris et les bibliothèques étrangères s'ouvrirent pour lui procurer tous les secours que peuvent offrir ces dépôts savants. Il en avoit encore l'obligation au chef de la magistrature.

On rapporte que madame la duchesse d'Aiguillon disoit un jour à l'abbé Prévost, en lui parlant de l'*Histoire générale des Voyages*, « Vous pouviez faire mieux cet » ouvrage, mais personne ne pouvoit le » faire aussi bien ».

L'*Histoire des Voyages* fut portée au quinzième volume *in*-4.° *. Il se délassoit

* La première édition, continuée par Querlon et

des recherches laborieuses qu'elle lui coûtoit, en accommodant au génie de notre langue les beaux romans de Richardson ; et chose fort étrange ! ils firent en France plus pour la gloire du traducteur, qu'ils n'avoient fait en Angleterre pour celle de l'auteur.

L'abbé Prévost étoit parvenu à sa soixante-troisième année ; mais si son corps vieillissoit, son imagination conservoit presque toute sa vigueur. Il publia en 1760 deux volumes du *Monde moral* ; ces deux volumes devoient faire partie d'un ouvrage considérable ; il fut forcé de l'interrompre pour se rendre aux désirs de M. le prince de Condé, qui lui demandoit l'histoire de sa maison. Si cette histoire a été écrite, elle est restée secrette. Dans l'année 1761, il reprit le *Monde moral* et y ajouta deux volumes; mais l'ouvrage est toujours resté incomplet.

Trois traductions de l'anglois, *les Mémoires pour servir à l'histoire de la vertu*,

---

Surgy, a paru de 1745 à 1770, et a 20 vol. in-4.°, y compris la table, faite par Chompré. Il y a une édition en 80 vol. in-12.

Une nouvelle édition, avec des additions considérables, par Dubois, etc., a paru de 1747 à 1780. 25 vol in-4.°

ou l'Histoire de miss Bidulphe, *Almoran et Hamet*, et les *Lettres de Mentor à un jeune Seigneur*, terminèrent sa vaste carrière littéraire. Les deux premiers portent la date de 1762, l'année qui précède celle de sa mort; le troisième ne parut qu'après lui, en 1764.

Cependant il s'étoit retiré dans une petite maison qu'il avoit achetée à Saint-Firmin, près de Chantilly. Se repentant des fautes de sa jeunesse, il avoit conçu le dessein de reprendre, autant qu'il seroit en lui, la vie et les exercices du cloître; il se reprochoit l'oubli de ses serments et peut-être aussi un peu l'usage qu'il avoit fait de ses talents, quoique dans ses productions il eût toujours témoigné le plus grand respect pour les mœurs et pour la religion.

Un écrit qu'on a trouvé dans ses papiers, annonce qu'il alloit s'occuper de trois grands ouvrages, dont l'incrédulité auroit bien eu sujet de se plaindre, si l'effet avoit répondu à ses espérances. Le premier, de pur raisonnement, devoit avoir pour titre, *la Religion prouvée par ce qu'il y a de plus certain dans les connoissances humaines*; l'autre, historique, auroit été une *Exposition de la conduite de Dieu pour le soutien de la foi*, depuis *l'origine du Christianisme*; et le troisième, de la plus sublime morale, *l'esprit de la Religion dans l'ordre de la société*; c'étoit à ces trois grands ouvrages qu'il vouloit consacrer sa vieillesse. Ils étoient dirigés, sur-tout le premier, contre les incrédules; et si sa confiance n'alloit pas jusqu'à se persuader qu'il leur feroit partager sa conviction, il se flattoit qu'au-moins leur système ne se soutiendroit jamais contre l'évidence de ses preuves. Il étoit beau de voir cette assurance dans un homme qui avoit sans doute plus d'une fois entendu, de leur propre bouche, leurs plus fortes objections. La mort empêcha l'effet de ses pieuses intentions.

Comme il s'en retournoit seul à Saint-Firmin, le 23 novembre 1763, par la forêt de Chantilly, il fut frappé d'une apoplexie subite, et demeura sur la place. Des paysans, qui survinrent par hazard, ayant aperçu son corps étendu au pied d'un arbre, le portèrent au curé du village le plus prochain. Le curé le fit déposer dans son église, en attendant la justice qui fut appelée, comme c'est l'usage lorsqu'un cadavre a été trouvé. Elle se rassembla avec précipitation, et fit procéder sur-le-champ, par le chirurgien, à l'ouverture du corps.

Un cri du malheureux, qui n'étoit pas mort, glaça d'effroi les assistants. Le chirurgien s'arrêta; il étoit trop tard; le coup porté étoit mortel. L'abbé Prévost ne r'ouvrit les yeux que pour voir l'appareil cruel qui l'environnoit, et de quelle manière horrible on lui arrachoit la vie. Il expira sous le scalpel au même instant, âgé de soixante-six ans et huit mois moins quelques jours.

Il est affreux qu'on ne puisse pas douter de ce genre de mort inoui, trop attesté malheureusement par un écrivain connu (M. la Place), qui, consulté au bout de quelques jours par l'abbé de Blanchelande, frère du mort, sur ce qu'on pouvoit faire, ne lui répondit que ces quatre mots : *gémir et se taire*.

Telle fut la vie romanesque de l'abbé Prévost. Retournant tour-à-tour du cloître dans le grand monde, et du grand monde dans le cloître, comme s'il n'y eût eu de bonheur pour lui que dans le silence absolu de l'un, ou la bruyante agitation de l'autre, il passa plus de la moitié de sa vie à ignorer qu'il existoit un état placé entre les deux extrêmes, pour lequel étoient faites les jouissances tranquilles, seules capables de donner le bonheur; et il fut successivement, pour le cloître et pour la société, un prodige de l'espèce la plus extraordinaire. En littérature, près de cent quatre-vingts volumes sortis de sa plume attestent sa fécondité; et, ce qu'il y a de presque incroyable, il donne rarement à son lecteur le droit de l'en reprendre. Enfin sa mort fut aussi extraordinaire que sa vie.

Ses manières étoient franches et ouvertes; crédule, de cette crédulité qui a sa source dans un cœur excellent, il trouva assez de gens disposés à s'en prévaloir; il n'étoit pas nécessaire d'être infortuné, il ne falloit que s'annoncer comme tel, pour prétendre à intéresser sa générosité. On peut dire qu'il porta jusqu'à l'excès cette vertu, dans l'exercice de laquelle l'excès est rare. Plus d'une fois il se priva du nécessaire, pour pourvoir à celui des malheureux.

Des chagrins d'une jeunesse fort agitée, il lui étoit resté une humeur mélancolique dont on s'apercevoit peu, parce qu'il avoit reçu une très-bonne éducation. Sur la fin de sa vie, il étoit parvenu à se soucier peu du grand monde, sur-tout lorsqu'il jouissoit du commerce d'un ami vrai. Dégagé des liens de l'amour, il avoit besoin des doux épanchements de l'amitié.

Il fut, comme tous les grands écrivains, l'objet de la satire, du fiel et des injustices. Si l'abbé Lenglet n'eût pas existé, l'abbé Prévost n'auroit pas eu de plus violent ennemi que Desfontaines. Ce journaliste ne laissoit échapper aucune occasion de lui nuire, au-moins volontairement, et lorsqu'il en manquoit, il appliquoit ses soins à en faire naître. Sur ce que l'abbé Prévost lui en écrivit avec une extrême honnêteté, Desfontaines lui répondit un jour, entr'autres choses : *Alger mourroit de faim, s'il vivoit en paix avec tous ses ennemis*. Cette parole donnoit à l'abbé Prévost, s'il eût voulu en user, de grands avantages sur le corsaire. Toujours maître de lui-même, il se borna à la faire imprimer, pour sa justification seulement; car son ame ne s'étoit jamais ouverte à la haine.

L'abbé Prévost a fait lui-même son portrait dans une des feuilles du *Pour et Contre*. Nous croyons ne pouvoir mieux finir cet essai qu'en citant ce morceau.

« Ce Médor, si chéri des belles, est un » homme de trente-sept ou trente-huit » ans, qui porte sur son visage et dans son » humeur les traces de ses anciens cha- » grins; qui passe quelquefois des semaines

» entières sans sortir de son cabinet, et
» qui y employe tous les jours sept ou
» huit heures à l'étude; qui cherche rare-
» ment les occasions de se réjouir; qui
» résiste même à celles qui lui sont of-
» fertes, et qui préfère une heure d'entre-
» tien avec un ami de bon sens, à tout ce
» qu'on appelle *plaisirs du monde* et passe-
» temps agréables : civil d'ailleurs, par
» l'effet d'une excellente éducation, mais
» peu galant; d'une humeur douce, mais
» mélancolique; sobre enfin et réglé dans
» sa conduite. Je me suis peint fidèlement,
» sans examiner si ce portrait flatte mon
» amour-propre, ou s'il le blesse ».

SECONDE PARTIE.

S'IL est permis d'attendre encore quelque chose d'extraordinaire, après le simple récit de la vie de l'abbé Prévost, c'est l'histoire de ses ouvrages. Quand on ne lui devroit que ce magnifique recueil connu sous le titre d'*Histoire générale des Voyages*, on auroit toujours le droit de demander comment cet homme, dont l'existence a été si agitée, si pleine d'événements de toute espèce, a pu conduire jusqu'à sa fin un ouvrage aussi considérable, dont la matière suppose des recherches laborieuses, et le style un goût délicat; mais lorsqu'on sait que ce n'est là que la moindre partie de ce qu'il a écrit, qu'il y faut joindre nombre d'autres productions, entre lesquelles il y en a plusieurs très-étendues, et dont la plupart offrent des faits et des personnages créés par lui; à l'étonnement qui naît d'une telle abondance, se joint le désir d'être initié à ses travaux littéraires, et d'apprendre s'ils n'offrent pas aussi quelque chose de la bizarrerie de ses aventures.

Avant lui, on n'avoit regardé les romans que comme les rêveries d'une imagination ordinairement plaisante, souvent tendre, quelquefois héroïque, et presque toujours frivole. L'abbé Prévost fut le premier qui porta dans le roman la terreur de la tragédie; il n'en a pas inventé un qui n'imprime violemment dans l'ame une forte émotion. Ici le marquis de..... voit en songe la terre sur laquelle il marche, couverte de cadavres à demi-pourris; des cris aigus retentissent à son oreille; frappé par un fantôme, il voit couler des flots de son sang; là un époux infortuné, dont l'épouse bien aimée vient d'expirer au milieu des déserts de l'Amérique, creuse de ses mains la terre qui va la recevoir, se précipite sur ce cadavre insensible, le presse entre ses bras, l'ensevelit et reste évanoui sur la tombe qui renferme tout ce qu'il aime; ailleurs, un père, pour dérober son fils à l'opprobre d'un supplice infâme, se résout à lui faire prendre du poison, et prépare lui-même le breuvage fatal. L'abbé Prévost, en traçant dans son esprit ces noires images, croyoit peut-être ne pas aller au-delà du vrai; il étoit loin de penser que ces aventures cédassent à l'épouvantable destinée qui l'attendoit.

Après avoir saisi au hazard quelques traits qui donnent d'avance une idée de la manière du peintre, qu'il me soit permis d'entrer dans cette vaste galerie de tableaux qu'il a ou inventés ou copiés en maître, sur d'excellents originaux par lui embellis, et d'en retracer les figures principales.

On se souvient que les *Mémoires d'un Homme de qualité* furent écrits en partie à l'abbaye de Saint-Germain-des-Prés, où demeuroit l'auteur, alors Bénédictin, et qu'ils furent publiés en Hollande en 1728. Le marquis de..... y récite les événements de sa vie. L'abbé Prévost en a usé ainsi à l'égard de tous les principaux personnages de ses romans ; il a senti qu'il y jetoit de la sorte un plus grand intérêt, que si simple narrateur il se fût borné à rapporter les aventures de ses héros chimériques.

La première aventure qui dans l'histoire du marquis ne prépare pas mal celles qui vont suivre, et dont il est lui-même averti par mille songes affreux et bizarres, est la mort de sa sœur. Ils revenoient de la maison de leur grand-père. Leur berline est arrêtée par six hommes masqués, dont l'un a déjà proposé à

Julie de descendre et de s'abandonner à leur conduite. Le marquis saute en bas l'épée à la main, et se met en devoir de défendre vivement l'honneur de sa sœur, lorsqu'un des inconnus tire un coup de pistolet dont la balle va atteindre l'infortunée à deux doigts au-dessous du sein. Le marquis se fait suivre ensuite par son lecteur en Angleterre, en Allemagne; il est pris et mis en esclavage chez les Turcs. Après quelques années d'une captivité très-douce, devenu libre par la mort de son maître, il revient en Europe avec la fille de ce turc et l'épouse. Leur bonheur est trop grand pour n'être pas troublé par le sort. Sélima meurt. La manière dont le marquis signale sa douleur est appropriée au tour de son imagination. Il a déposé dans une boîte d'or le cœur de son épouse et choisi au fond d'une maison isolée une chambre dont il couvre les murs et le pavé d'un drap noir; les fenêtres en sont également garnies; les habits de Sélima sont suspendus aux murs; et son cœur est placé sur une table enveloppée aussi d'un voile noir. C'est dans cette chambre que le marquis s'enferme à la lueur de flambeaux, et il n'a pendant deux mois d'autres plaisirs que la vue de cet appareil lugubre.

Cependant plusieurs années après la mort de Sélima, il avoit choisi pour retraite un monastère et il y vivoit tranquille, lorsqu'il fut engagé avec de vives instances par le duc de..... d'accompagner dans ses voyages le jeune marquis son fils. Dès ce moment, il cesse d'avoir le premier rôle dans ses Mémoires. Il a bientôt sujet de regretter sa solitude. Ce n'est point assez de sa prudence et de sa sagesse, pour prévenir ou pour réparer les fautes de son élève, qu'un excellent naturel ne préserve pas de tomber dans tous les emportements auxquels s'abandonne une jeunesse indocile.

Les graces du style, l'énergie des passions et des caractères, l'intérêt et la multiplicité des situations, la beauté des épisodes justifient le succès brillant de cet ouvrage. Les critiques n'approuvèrent pas le caractère du marquis; ils prétendirent qu'il réfléchissoit trop; mais toutes chagrines que sont, pour la plupart, ses réflexions, elles semblent cependant nécessaires; et ce qui prouve mieux que toute autre chose qu'elles ne sont point déplacées, c'est que loin de fatiguer l'esprit du lecteur, elles servent à le délasser. S'il m'étoit permis, j'approuverois moins l'auteur d'avoir fait entrer dans ces Mémoires, quoiqu'avec épargne, quelques aventures plus propres à se mêler avec les récits merveilleux dont on effraye l'enfance, qu'à satisfaire entièrement un lecteur judicieux, qu'il est toujours naturel de chercher à se concilier, même dans un roman.

Je place ici l'*Histoire du chevalier des Grieux et de Manon Lescaut*, parce qu'elle se trouve liée aux *Mémoires d'un Homme de qualité*, quoiqu'elle n'ait paru qu'après *Cleveland*. On a comme douté si cet ouvrage n'étoit pas le chef-d'œuvre de son auteur, et ce qui prouve la vérité de son pinceau, c'est qu'on a pensé assez long-temps que le chevalier des Grieux n'étoit pas un être chimérique.

Ce chevalier des Grieux étoit né avec des goûts si paisibles, qu'on l'avoit cru appelé à l'état ecclésiastique plutôt qu'à celui de chevalier de Malthe que ses parents lui avoient choisi. A l'âge de 17 ans, il voit sortir du coche d'Arras une fille plus jeune encore, que ses parents envoyent à Amiens. A-peine ils s'aperçurent, que leurs cœurs s'ouvrirent à des impressions nouvelles pour eux, et l'effet en fut si prompt, que le lendemain ils étoient sur la route de Paris, où, l'amour leur servant de guide, ils firent en peu de temps beaucoup de chemin. Ils se contraignoient assez peu dans leurs caresses, pour donner à leurs hôtes et à leurs postillons le spectacle de deux enfants qui s'aiment comme on aime la première fois.

Mais c'est à Paris qu'il faut suivre le chevalier. Ce jeune homme, doué du plus heureux naturel, que l'idée d'une bassesse auroit révolté dans toute autre position, devient un être vil, parce qu'il idolâtre sa maîtresse. Il s'associe à une troupe de fripons et lui compose un train brillant du fruit de ses escroqueries ; arrêté et conduit à Saint-Lazarre, sa douceur lui gagne toute la maison et sur-tout le supérieur ; mais apprenant que Manon a été renfermée à la Salpétrière, il prend ses mesures pour entrer au milieu de la nuit dans la chambre du père gardien, il se fait accompagner par lui jusqu'à la porte, en lui tenant appuyé sur l'estomac un pistolet dont il casse la tête du portier qui s'opposoit à sa fuite; bientôt il fait évader de l'Hôpital sa maîtresse, laquelle ne tarde guère d'y être renfermée de nouveau pour être envoyée en Amérique avec une troupe de filles de mauvaise vie. C'est alors que le chevalier, que les sages réprimandes de son père alloient faire rentrer dans le devoir, retombe dans tous ses égarements. Il court sur les traces des archers qui conduisent Manon au Havre, leur donne tout son argent, vend encore son cheval, afin d'obtenir d'eux la liberté de la voir, de lui parler; et s'embarque avec elle ne pouvant supporter l'idée d'une séparation.

Manon Lescaut est digne de son amant. Elle l'aime par-dessus tout; elle n'est pas même incapable de goûter la vertu; mais elle ne redoute rien autant que la misère, et pour s'y soustraire, il n'y a pas d'infidélité qu'elle ne soit disposée à faire au chevalier; s'arrangeant, au reste, de manière à le recevoir de nouveau dans ses bras dès qu'elle aura réparé le désordre de ses affaires. Un jour qu'elle doit manquer à un rendez-vous dont ils étoient convenus, elle l'en fait avertir et pousse l'attention jusqu'à charger de son message une fille jeune et jolie. Il y a bien de l'art à intéresser aux infortunes de deux semblables personnages.

Pour Tiberge, c'est le modèle d'un ecclésiastique vertueux et d'un parfait ami. Il ne se lasse pas de faire tous ses efforts pour retirer le chevalier des Grieux du précipice dans lequel il s'enfonce toujours davantage. C'est toujours à lui que le chevalier a recours dans ses plus grandes nécessités, et non-seulement Tiberge lui ouvre généreusement sa bourse, mais il ne choisit jamais l'heure du besoin pour essayer sur lui l'effet de ses remontrances. Son zèle ne se dément pas. Il apprend que son ami vient de s'embarquer et quelles sont les circonstances de son départ; il vole en Amérique avec tout ce qu'il possède. Là il le retrouve pleurant la mort de son amante, et le voit bientôt tel qu'il le désire, rendu à lui-même et à la vertu.

Ce fut à Londres où il étoit repassé, que Prévost composa l'*Histoire du chevalier des Grieux*; il y avoit déjà publié en 1732 celle de *Cleveland, fils naturel de Cromwell*. Tout ce que le sort peut amasser d'infortunes sur une tête, Cleveland l'éprouve, et il y a peu d'hommes qui osassent se dire malheureux, après avoir lu ses aventures. Sa mère le cache dans une caverne, afin de le dérober à la haîne du tyran son père. Il y passe les premières années de sa vie, et sa condition y est heureuse en comparaison des malheurs qui lui sont réservés; après avoir erré long-temps de mers en mers, d'isles en isles, il retrouve Fanni qu'il aime, et mylord Axminster, le père de Fanni, avec la bonne madame Riding, au milieu d'un pays inconnu et barbare ; Cleveland et Fanni n'ont d'autres témoins de la foi qu'ils se donnent que le ciel ; mais bientôt ils tombent au pouvoir d'une troupe de Cannibales qui dévorent leurs prisonniers ; et le désespoir de Fanni et de Cleveland est au comble, lorsqu'ils sont séparés de l'excellente Riding ; que leur fille à la mamelle leur est enlevée ; que voyant allumer de loin un grand feu, ils ne peuvent douter que ce ne soit le signal de la mort de ces deux victimes et l'horrible apprêt d'un repas abominable. Enfin, qui ne croiroit que délivrés eux-mêmes de ces cruels Rouintons, il ne leur reste plus, lorsqu'ils ont recueilli le dernier soupir de mylord Axminster, qu'à oublier leurs longs malheurs dans l'isle de Cuba, chez le gouverneur leur grand-père ! Mais c'est alors que n'ayant plus de maux à craindre des hommes, ils se croyent perfides l'un et l'autre, et qu'après plusieurs années, voulant rompre le dernier nœud qui l'unit à l'épouse que toutes les apparences lui montrent infidèle, Cleveland livre son cœur aux transports d'une nouvelle passion : l'objet qui la partage est Cécile sa fille, échappée comme par miracle, aux Rouintons, et il court ainsi le plus grand danger auquel la vertu puisse être exposée.

Fanny est douce, tendre et sensible ; mais l'amour, ce charme de la vie, fait le tourment de la sienne ; son cœur est toujours prêt à recevoir mille impressions jalouses, et elle ne se plaît qu'à se nourrir du poison qui la tue. On voudroit qu'elle se défiât moins de Cleveland et plus de Gelin. Ce Gelin est un hypocrite de l'espèce la plus dangereuse, et l'amour seul l'a rendu tel. Il faut voir dans le récit même de Fanny toutes les ruses qu'il employe, afin d'assurer par degrés le succès de ses perfides insinuations. Il feint de craindre de troubler la tranquillité de madame Cleveland, en lui communiquant sa découverte. Plus il hésite, plus cette femme soupçonneuse le presse de ne lui rien cacher ; enfin, lorsqu'il l'a amenée au point de crédulité qu'il désire, il en obtient que, sans se fier à ce qu'il lui rapporte, elle voye tout par elle-même ; il se rend maître de ses yeux comme il a fait de son esprit jaloux. Elle est trop sûre de ce qu'elle a cru voir pour consentir à entrer dans aucun éclaircissement avec son infidèle. Elle confie le secret de sa fuite à Gelin et fait trembler le lecteur pour sa vertu. Heureusement, elle échappe au dernier piège que le perfide lui tend.

Rien ne l'emporte sur madame Riding. On est pénétré d'admiration et d'effroi, lorsqu'on lui entend raconter comment, après avoir été abandonnée par les Rouintons, aux premières marques qu'ils découvrirent de son sexe en la dépouillant, elle fut exposée aux plus cruels tourments de la faim, avec la fille de Cleveland, sur des plages désertes, où elle ne trouvoit que quelques poissons crus, tandis que, réduite à s'ouvrir la veine du bras avec un mauvais couteau, et recueillant tout ce qu'elle pouvoit de son sang, elle présentoit à l'infortunée Cécile cette étrange nourriture, que cet enfant prenoit avec avidité.

On a reproché à Cleveland de trop s'appesantir sur ses réflexions, plus fréquentes et plus longues encore que celles du marquis dans les *Mémoires d'un Homme de Qualité*. C'est reprocher en d'autres termes à l'auteur d'en avoir fait un philosophe. Il n'y a que lui dans tout l'ouvrage qui moralise; de plus, il falloit bien soutenir son caractère. N'ayant dans son enfance aucune idée de la religion, ses raisonnements sont ceux d'un déiste. On prétendit que Prévost leur avoit donné beaucoup de force; il se débarrassa de cette difficulté, et sa réponse fut que le philosophe anglois se rendant à l'évidence de la vraie religion, son retour prouvoit assez la foiblesse de ses objections.

Après Cleveland, l'abbé Prévost commença son journal du *Pour et Contre*. Il sentit combien l'entreprise d'un ouvrage où les livres sont jugés, est une entreprise délicate, et la peur de devenir l'objet de quelque haîne littéraire, le lui persuada mieux. On n'a peut-être jamais porté si loin les précautions de la prudence. Dès le principe, il annonce que n'ayant d'autre désir que de justifier son titre, et instruit d'ailleurs par la disgrace de quelques écrivains qui l'ont précédé dans la même carrière, il n'accordera pas plus l'entrée de son livre à la prévention et à la satire, qu'à la faveur. L'ironie même ne s'y montrera pas; s'il parle d'un ouvrage, il en fera d'aussi bonne foi l'éloge que la critique; s'il rapporte un fait, le bon côté n'en sera pas présenté moins soigneusement que le mauvais; s'il expose un point de littérature, il recueillera tout ce qu'il aura pu trouver de plus propre à le soutenir et à le combattre, et cela avec la même indifférence pour l'une et pour l'autre opinion, dont le choix appartiendra au lecteur. Il ose ainsi se promettre de ne déplaire à personne; ce qui est oser beaucoup en pareille affaire. Un écrivain qui verra louer avec franchise les beautés de ses ouvrages, autant au-moins qu'on sera capable de les apercevoir, seroit bien injuste s'il s'offensoit d'en voir critiquer honnêtement les défauts. L'auteur s'engage encore à apporter la plus grande attention à veiller sur lui-même, s'il lui arrive d'être attaqué personnellement; s'affermissant contre la haîne, il fermera l'entrée de son ouvrage à tout ce qui pourroit sortir d'une aussi mauvaise source; et, en supposant, afin de ne rien laisser d'imprévu, que son amour-propre trop blessé lui fasse surmonter sa répugnance pour un combat particulier, il engage sa parole de ne pas permettre à son ressentiment de s'exhaler dans ses feuilles, et il ne leur souhaite de succès qu'aussi long-temps que la raison, la justice, l'honnêteté, le respect pour la religion et pour le gouvernement seront ses guides.

Quoique Prévost pût ne pas se croire trop lié par une telle promesse, il alla plus loin; et comme s'il eût appréhendé que les ménagements dont il auroit usé ne reçussent de malignes interprétations, il évita, autant qu'il fut en lui, de parler des écrivains de sa patrie. Son séjour à Londres, son habitude de la langue du pays, l'avoient mis à portée de connoître comme les Anglois eux-mêmes, leur littérature, et ce n'est guère que leurs auteurs qu'il juge. Il parle des mœurs de la nation, de ses usages, des progrès que les arts et les sciences font chez elle; on y trouve des traductions, des anecdotes piquantes, des histoires tragiques qu'il donne pour vraies; tout cela rassemblé comme au hazard; mais de ce désordre, si c'en est un, il résulte une variété très-agréable qui fit tout le succès de ce journal, dont la lecture attache tellement, que l'on juge qu'il auroit pu, dès ce temps-là, se passer du mérite de la nouveauté, si néanmoins la nouveauté n'est pas toujours un mérite, même pour les bons livres.

Le *Doyen de Killerine* vit le jour en 1735, et soutint la réputation que ses trois aînés avoient faite à leur auteur. Ce doyen est un bon ecclésiastique irlandois, partagé de tous les dons de l'ame et de l'esprit, mais tout-à-fait disgracié de la nature; sa difformité, lui-même ne le cache pas, l'a empêché de s'engager dans la société où les défauts du corps ne passent pas trop à la faveur des qualités de l'ame. Bientôt ses projets de retraite sont renversés. De sa solitude de Killerine, il est forcé de passer dans le grand monde. La prudence de ses démarches y contraste singulièrement avec sa figure, et l'on ne sauroit se défendre de quelque surprise, en voyant une si belle ame renfermée dans une machine aussi burlesque.

Son frère George n'a d'autre mauvaise qualité qu'une ambition démesurée. On voit ce jeune homme, produisant sa sœur, dans l'espoir que sa beauté lui procurera un établissement considérable, dont il se promet bien que tout le fruit ne sera pas pour elle.

Patrice, le plus jeune des trois frères, est un exemple frappant du pouvoir de l'amour sur un caractère modéré. Entraîné par le doyen dans un mariage contraire à son goût, et le cœur déjà prévenu, il a pour son épouse Sara Fincer les plus grands égards, il lui rend tous les soins possibles, hors ceux de l'amour; jusque-là que sa première passion se ranimant par la présence de l'objet qui l'a fait naître, il échappe au doyen et à Sara, et toujours plus aigri par la contradiction, va jusqu'à réclamer l'autorité des loix contre un engagement que la persuasion a moins déterminé que la contrainte; le sang coule, et le doyen avoit pour jamais à se reprocher le malheur de Patrice et de Sara, si l'infidélité et la mort d'une rivale n'eussent fait prévaloir enfin les charmes de cette tendre épouse.

La confidence faite au doyen de Killerine par le comte de S.... *, est une idée aussi heureuse que singulière. La scène qui se passe entre le doyen et la coquette, n'est pas moins intéressante, quand, piquée de la supériorité qu'il prend sur elle par sa morale hors de propos, et par ses exhortations chagrines, celle-ci l'attire à dix heures du soir dans sa chambre, sous le

* Le comte de S...., l'amant de Rose, demande en secret sa main au doyen; le doyen se trouve assez honoré de la recherche du comte de S.... pour ne pas se faire long-temps presser, et il propose de hâter la célébration du mariage, lorsque le comte lui confesse naïvement qu'il ne peut pas encore profiter de toute cette bonne volonté, parce qu'il est marié; mais il ajoute que sa femme étant caduque et infirme, il a lieu d'espérer qu'elle n'apportera pas long-temps obstacle à son bonheur.

prétexte des besoins de sa conscience ; très-résolue, si elle parvient à le séduire, de s'amuser de sa crédulité, et de jouir de sa confusion.

Les critiques ne laissèrent pas de reprocher à l'abbé Prévost d'avoir donné ce roman pour une *histoire ornée de tout ce qui peut rendre une lecture utile et agréable*. C'est ainsi qu'il l'avoit annoncé sur le frontispice même de l'ouvrage. Ce titre paroît d'un homme un peu sûr de lui; et néanmoins il faut convenir, quand on a lu le livre, que l'auteur étoit assez modeste s'il n'en pensoit pas mieux encore que ce qu'il demandoit qu'on en pensât; et il est impossible d'entrer dans le sens de l'abbé Desfontaines, qui dit avec toute la dureté imaginable, que le doyen est un pédant aussi insupportable au lecteur qu'à ses frères et à sa sœur; que George ignore les usages les plus communs; que Patrice est insipide; et mille autres choses semblables.

Les désastres sanglants des maisons d'Yorck et de Lancastre sont représentés dans l'histoire de *Marguerite d'Anjou* avec des couleurs bien propres à en perpétuer l'horreur. Si le lecteur qui au fond n'est pas obligé de ressentir les infortunes de Henri plus qu'il ne les ressent lui-même, si le lecteur, dis-je, détourne les yeux de dessus ce prince à qui il est indifférent d'habiter un palais ou une prison, cette nullité lui semble bien effacée par Marguerite, toujours supérieure à la bonne et à la mauvaise fortune, et dont les grandes qualités guerrières, non moins que la profonde politique, malgré ses foiblesses, lui ont marqué une place à côté des plus grands rois. Quel spectacle, que cette femme réduite à errer dans les forêts, avec l'héritier de la couronne qui vient de lui être arrachée, couverts l'un et l'autre de riches vêtements, seuls débris de leur grandeur passée, et dépouillés par les brigands de la forêt! Et combien le cœur est touché lorsqu'on la voit demander la vie à l'un d'eux, mais en reine, et par ce mot simple et digne de son caractère sublime, *sauve le fils de ton roi,* mot qui transforme à l'instant son assassin en un fidèle sujet !

On a dit de cette histoire, que l'abbé Prévost ne trouvant pas la vérité assez parée de ses charmes, lui avoit prêté les ornements de son imagination ; reproche qu'il semble avoir prévu, tant il insiste sur le soin qu'il a eu de puiser dans les plus pures sources de l'histoire, et d'écarter plusieurs faits intéressants, pour cela seul qu'il ne les a pas trouvés confirmés par un assez grand nombre de témoignages.

Il est d'autant plus étonnant que l'on ait renouvelé cette critique pour l'*histoire de Guillaume-le-Conquérant*, qu'à la précaution de répéter le même avis, l'auteur joint celle de se servir des termes même des vieilles chroniques; l'historien de Guillaume nous le fait trouver fort supérieur à son siècle. Il nous fait admirer cette conduite extraordinaire qui, de simple duc, le fit devenir un monarque puissant. Il montre encore sa supériorité lorsque le légat du pape Grégoire VII le sommant au nom de son maître de lui faire hommage de l'Angleterre comme fief du saint-siège, il répond fièrement qu'il ne tient sa couronne que de Dieu et de son épée, et qu'il ne veut pas la rendre autrement dépendante; mais il retombe au niveau de ce siècle déplorable, par divers traits de cruauté dont le détail appartient à son histoire.

Il est parlé d'une espèce d'hérésie fort singulière pour ces temps d'ignorance; elle avoit été apportée en France dès le siècle précédent par une femme italienne; et les précautions qu'on avoit prises pour la réprimer en avoient d'abord extrêmement favorisé les progrès. Ses zélateurs traitoient la religion d'invention humaine, et l'écriture-sainte de fabuleuse. Ils affirmoient l'éternité de l'Univers ; nioient les peines et les récompenses futures. Au reste la charité pour le prochain, et tous les devoirs de la société civile, étoient recommandés et substitués par ces esprits-forts, aux principes qu'ils vouloient renverser, et leur secte qui justifioit tous les plaisirs, lorsqu'il n'en résultoit ni tort ni incommodité pour le prochain, fut d'autant mieux goûtée, qu'elle flattoit les passions, sans révolter ce sentiment naturel qui nous porte à éviter le mal d'autrui, dans la recherche même de notre bien. Deux ecclésiastiques d'Orléans lui gagnèrent un grand nombre de prosélytes, et il est incertain quelles suites elle auroit eues, si on n'avoit arrêté la contagion dès l'origine, en s'assurant de ses apôtres, si persuadés d'ailleurs de leur doctrine perverse, que l'appareil du supplice ne put leur arracher un désaveu. Ils furent livrés au feu, eux et tous ceux de leurs disciples qui refusèrent de se réconcilier avec l'église.

L'auteur fit précéder cette histoire, d'une préface où il s'exprime avec une grande liberté sur les moines du siècle de Guillaume-le-Conquérant.

On lui doit aussi une *vie de Cicéron*, composée sur l'anglois de Midleton plutôt que traduite. Midleton avoit recueilli tout ce qu'il avoit pu trouver sur Cicéron dans les historiens latins et dans les écrits de ce consulaire. Son portrait, quoique flatté, est ressemblant, et l'on peut apprécier chacun de ses ouvrages. L'orateur illustre ne paroît pas moins que l'homme d'état, et l'homme privé que l'orateur. Il avoit joué un rôle trop important dans la république, pour que l'histoire de celle-ci ne se trouvât pas mêlée avec l'histoire de sa vie et de ses écrits. Ainsi on voit se produire sur la scène tous les personnages importants de Rome, César, Brutus, Antoine, le jeune Octave; mais on sent aussi qu'ils ne sont là que pour donner plus d'éclat au personnage principal, dont l'éloquence seule eût sauvé sa patrie, si elle avoit pu encore être sauvée; tellement que le coup dont il expira, ne porta pas plus sur lui que sur la liberté.

L'abbé Prévost ne s'étoit pas si fort passionné pour son modèle, qu'il n'en eût reconnu les défauts. Il ne mit en françois ni les réflexions inutiles, ni les longueurs. Le style devint, sous sa plume, pur, châtié, parfaitement assorti au goût de notre nation.

La vie de Cicéron le conduisit à traduire ses *lettres à Brutus*, comme Midleton avoit fait dans sa langue. Ces lettres avoient été le prétexte d'une dispute fort vive entre ce dernier et un jeune docteur de l'Université de Cambridge qui en nioit l'existence. Il étoit aisé à Midleton, familiarisé avec le style de Cicéron, de prouver qu'elles ne pouvoient pas avoir été supposées, ni appartenir à quelque moine ignorant des siècles barbares. Il y joignit un grand nombre d'autres bonnes raisons, et poursuivit l'incrédule docteur jusque dans ses derniers retranchements. Ce n'est pas sans fondement que la littérature angloise s'applaudit de ce morceau de critique.

Dans le cours de l'année 1747, l'abbé Prévost publia en françois les *lettres de Cicéron*, qu'on nomme vulgairement *familières*, quoique, selon sa remarque, ce nom qui leur a été donné dans les temps modernes, leur convienne peu. On a dit de la version françoise, qu'elle étoit assez fidèle, et qu'elle ressembloit à un excellent original; deux mérites qui semblent s'exclure, tant ils se trouvent rarement ensemble dans les traducteurs. Les notes qui ne manquent pas, toutes les fois que le texte a besoin d'être éclairci, en facilitent l'intelligence. Je dois aussi ajouter en l'honneur de Midleton, qu'il a fourni la plupart de ces notes.

Entre l'*Histoire de Marguerite d'Anjou* et celle de *Guillaume-le-Conquérant*, il y eut un intervalle de près de trois ans, pendant lesquels notre auteur publia trois romans. Le premier est l'*histoire d'une Grecque* élevée dans les principes et dans les usages du sérail, qui désespère par sa réserve un François qui a acheté sa liberté, le contient dans les termes de la plus étroite bienséance, et ne peut prendre pour lui d'autres sentiments que ceux que les bienfaits font naître dans un cœur reconnoissant. Il est vrai que les moyens dont il s'avise pour ouvrir à la tendresse celui de Théophé (c'est le nom de la Grecque moderne), ne semblent pas propres à produire ce qu'il espère, sur-tout lorsqu'il borne ses lectures aux essais de morale de Nicole, et à la logique de Port-royal. Peu d'entre nos François se porteroient à croire une pareille lecture capable de toucher en leur faveur un objet charmant, et c'est une espèce de triomphe, il faut en convenir, pour la critique, qui reproche à l'auteur de souvent choquer les idées ordinaires, quoiqu'elle soit forcée d'ailleurs de reconnoître en lui un écrivain supérieur.

Ce dernier mérite se fait sentir principalement dans les *Campagnes philosophiques*. Il étoit bien nécessaire aussi qu'il s'y rencontrât. Quelque adoucissement que puisse recevoir l'action de mademoiselle Fidert, de la violence de ses sentiments pour un amant massacré à ses yeux de la main de son père, on ne voit point sans horreur le poignard que cette fille plonge d'un bras assuré, dans le sein paternel, et un semblable personnage est toujours un monstre moral, dont on détourne ses regards. On n'aime point encore que le philosophe Montcal profite à un tel point de l'ascendant qu'il a pris sur son cœur; cependant la force des remords de cette fille, les horribles infortunes qu'elle éprouve, sa mort cruelle, intéressent le lecteur.

Aux *Campagnes philosophiques* succéda, en 1741, l'*Histoire de la jeunesse du Commandeur de*... Dans une de ses caravanes, il emmène une jeune Héléna et sa mère. Cette femme prend si bien le change sur les sentiments du chevalier, qu'elle lui demande pour sa fille une chambre à l'autre extrémité du vaisseau, parce que l'ayant accoutumée de bonne heure à une grande retenue, il seroit trop dangereux qu'elle pût s'apercevoir de rien de ce qui va se passer entr'eux. Le chevalier profite de cet arrangement pour se rendre la nuit dans la chambre d'Héléna. Est-ce vous, maman, dit-elle au premier bruit qu'elle entend? Oui, répond le chevalier en déguisant sa voix, afin de ne pas trop l'effrayer. Il s'approche avec précaution, et tarde peu à être connu; mais lorsqu'il a lieu d'espérer le plus heureux dénouement de son aventure, voilà que tout-à-coup il se sent saisir et entraîner par une main qu'il reconnoît pour celle de la mère. Le reste de l'*Histoire de la jeunesse du Commandeur de*... intitulée aussi : *Mémoires pour servir de suite à l'Histoire de Malthe*, est le récit des amours du Chevalier et d'Héléna; jusqu'à ce que celle-ci, atteinte d'un mal funeste à la beauté, perd tous ses charmes, et ne conserve pas son amant.

L'auteur a introduit dans ce roman un don Perez, espagnol, qu'il donne pour ami du chevalier. Le contraste des deux caractères est frappant. Celui-ci fait de l'amour une véritable passion tragique; il en éprouve tous les emportements, et son cœur est en proie à la jalousie, tandis que l'amour n'est pour l'autre qu'un simple amusement. A voir agir ces deux personnages, on est tenté de croire que l'auteur s'est mépris en donnant à chacun le caractère qui convenoit à l'autre; car de deux amants, l'un Espagnol et l'autre François, s'il en faut supposer un jaloux, sûrement le soupçon ne tombera pas sur le second.

On ne distingue pas ordinairement des autres romans de l'abbé Prévost, les *Voyages du capitaine Lade* qu'il a traduits de l'anglois. Quoique la relation d'un voyage ne diffère souvent guère d'une fiction, celle-ci porte un caractère de vérité, qui ne permet pas de la mettre au rang des ouvrages de pur agrément. Les détails sur les pays et sur leurs habitants ne se concilient pas mal avec ce que les autres voyageurs en rapportent. Tout ce qui regarde la géographie s'y trouve marqué avec plus de précision qu'il ne conviendroit à un livre frivole; et si les aventures des deux marins sont extraordinaires, on peut raisonnablement supposer que dans deux voyages sur les côtes d'Afrique, au cap de Bonne-Espérance, dans le continent et dans les isles d'Amérique, ils ont éprouvé des choses qui n'arrivent pas au commun des hommes;

dont les rapports ne s'étendent point au-delà de leur nation, et souvent de la ville qu'ils habitent. On peut se figurer facilement que Robert Lade et son gendre, dans un de ces voyages, rapportèrent de la côte d'Or des sommes considérables de ce métal précieux; que leur soif des richesses croissant avec elles, ils visitèrent une seconde fois les nègres de la même côte; que de là continuant leur route vers l'Amérique, ils firent à la Marguerite une pêche abondante de perles; qu'avant de s'embarquer pour une nouvelle expédition, ils les déposèrent à la Barbade; qu'à Carthagène, ils reçurent à leur bord deux amants espagnols fuyant la contrainte où leur famille les retenoit; qu'ils recueillirent ailleurs une grande quantité d'ambre gris; que le beau-père et le gendre faisant voile ensuite pour l'Europe, un vaisseau espagnol s'empara d'une partie de leurs trésors, et qu'enfin ils jouirent paisiblement en Angleterre de l'autre partie dont ils s'étoient fait un bon revenu.

Les *Voyages du capitaine Lade* ne précédèrent que d'un an les *Mémoires d'un Honnête Homme*. Le héros est un jeune militaire qui a apporté du fond de sa province à Paris des mœurs et des principes.

Répandu dans le grand monde, il a occasion de voir la facilité avec laquelle on y sacrifie les réputations, ce que la bonne compagnie, qui quelquefois adoucit beaucoup les choses, appelle du nom de médisance. Sa vertu n'a pas l'air sauvage. Il ne refuse point d'aller passer la nuit dans la petite maison du chevalier; mais loin que ce soit pour lui une partie de débauche, il n'épargne ni l'argent, ni les exhortations pour retirer du désordre une des courtisannes qu'il y trouve. Dans une autre de ces parties, il se fait aimer d'une actrice, et en reçoit peu de jours après un billet pour un rendez-vous. Son motif pour l'accepter est de faire diversion aux sentiments trop tendres que lui a inspirés une femme mariée; mais lorsqu'ensuite il se souvient que l'élève de Terpsichore est à un vieux financier qui paye ses faveurs, il ne se croit plus permis d'en user, et par le scrupule le plus rare, il refuse l'actrice. Mais le roman, il est vrai, finit d'une manière un peu brusque. Il offre souvent une peinture facile et vraie des mœurs du siècle, et une variété agréable. Le vieux conseiller goutteux est bon. Cette fille, dont la passion pour le comte le rend si malheureux, attache encore. Pour lui, il est né avec un penchant violent pour les plaisirs, et ses principes austères l'empêchent de s'y abandonner. Ce caractère devient piquant par l'opposition, et l'on ne sauroit justifier l'indifférence avec laquelle cet ouvrage fut reçu à sa naissance.

Tous ceux dont je viens de rendre compte depuis l'*histoire de Marguerite d'Anjou*, ne prirent pas plus de cinq ans sur la vie de l'abbé Prévost. Immédiatement après, s'étant lié avec M. le chancelier Daguesseau, il céda aux instances réitérées que lui fit ce magistrat, d'écrire l'*Histoire générale des Voyages*. Il étoit question de réunir, dans un seul corps d'ouvrage, les relations et les journaux des voyageurs, depuis la découverte d'une nouvelle route aux Indes orientales par le Cap de Bonne-Espérance, jusqu'à notre temps; et de tirer de leurs témoignages réunis la connoissance des mœurs, des loix, des usages et de la religion de tous les peuples du monde. On a vu, dans la première partie de cet essai, qu'il ne fit que traduire d'abord l'ouvrage que quelques savants anglois composoient en Angleterre sur le même plan. Ce qui l'y détermina, sans doute, fut la manière dont les auteurs s'annoncèrent. Leur préface témoigne, en effet, qu'ils doutoient peu de leur réussite. Ils disent nettement qu'ils éviteront les inconvénients qui pourroient naître du rapprochement des voyageurs, avec autant d'avantage pour l'histoire et pour la géographie, *que d'agrément pour les lecteurs*. L'abbé Prévost fut ébloui de cette promesse un peu magnifique, et prenant d'eux toute la bonne opinion qu'ils en avoient conçue eux-mêmes, il se borna à marcher sur leurs traces. Il ne tarda pas à s'apercevoir qu'eux et lui s'étoient trompés. Lorsque arrivés à peine à la moitié de la carrière, ils l'eurent abandonnée, le traducteur seul, privé de tout secours, se trouva chargé du poids de l'ouvrage. Les redites, les longueurs, les obscurités qu'on reproche à la compilation angloise, n'eurent plus lieu. Il en avoit fait disparoître beaucoup dans sa traduction, et il en seroit moins resté, s'il avoit eu sous les yeux tout leur travail à-la-fois.

Il est évident qu'il auroit fallu recommencer l'ouvrage entier, pour en réformer l'ordonnance; et cependant on doit convenir que dans ce qui appartient à l'abbé Prévost, il règne le meilleur ordre, et que les événements ont entr'eux beaucoup de liaison. Les auteurs anglois n'avoient introduit que des voyageurs anglois comme eux, l'abbé Prévost se servit de ceux de toutes les nations; françois, anglois, espagnols, danois, hollandois, suédois; nul ne fut préféré, et il en résulta cet avantage que, dans les voyageurs, la différence des mœurs, du gouvernement et de la religion de leurs pays, en variant leurs observations, répand un plus grand jour sur les matières. Mais lorsqu'au douzième volume, il commença à parler de l'Amérique, il se rendit plus le maître de son sujet; et ce tome, et ceux qui suivent, se trouvent tels qu'il auroit conçu tout l'ouvrage. Les relations sont disposées pour ne plus former qu'un corps d'histoire, la meilleure qu'on ait de cette partie du monde. L'ordre chronologique est respecté; ce qui ne touche que les voyageurs dont il a consulté les journaux, n'embarrasse plus le texte historique, et est rejeté dans des notes. Il n'y a rien d'omis de ce qui peut conduire à la connoissance des mœurs, des usages, des arts, des monuments, des loix, des pratiques religieuses, des peuples divers, et de l'histoire naturelle de leur pays; et il y règne une méthode qui fait juger qu'au-lieu de prendre les Anglois pour modèle, c'étoit lui qui auroit dû leur en servir.

Rien ne sembloit manquer à sa gloire, lorsque Richardson vint l'accroître. L'abbé Prévost voulut sans doute, en le montrant à la France, le venger de l'injurieux oubli de l'Angleterre; idée d'autant plus digne de lui, que cet écrivain étoit peut-être le seul qui pût lui disputer la supériorité du genre où il excelloit. La haute estime que le traducteur avouoit pour son modèle, témoigne assez que l'éloge de Richardson ne sauroit être mieux à sa place que dans celui de l'abbé Prévost.

Si, dans un roman, on ne veut adopter que le merveilleux, on goûtera moins Richardson. Tous les événements qu'il imagine ne sortent pas de l'ordre naturel; son plus grand art est dans le développement des caractères. Leur vérité étonne, et l'on pourroit être, dans ce genre, fort au-dessous de Richardson, et être encore admirable. C'est lui qui fait parler à chaque passion son langage; il en marque toutes les nuances; il attache sur-tout à la vertu infortunée, et fait prendre en aversion le vice heureux. S'il n'existoit que de semblables romans, on ne verroit pas de casuistes, je parle des plus austères, qui n'en permissent l'usage, et les jeunes filles ne se déroberoient plus si subtilement à leurs mères, pour les lire.

Il n'y a pas une page des siens qui ne respire le plus pur amour de la vertu. Dans le premier, une paysanne, née de parents pauvres, et élevée dans toute la simplicité des mœurs champêtres, est venue à la ville chercher à se placer. Elle entre chez un jeune débauché pressant et aimable. Tout l'art de la séduction est bientôt employé contre une innocente créature, dont les pareilles savent bien moins résister encore à l'appât de l'or qui leur est offert, qu'au penchant de la nature. Celle-ci sort victorieuse des combats que lui livre l'ennemi de sa pudeur. Ce qui n'étoit en lui qu'un goût passager que l'habitude de jouir eût bientôt émoussé, devient une forte passion, et il finit par épouser une pauvre fille, qui n'avoit pour elle que sa candeur et sa simplicité.

Sûrement *Paméla* ne peut être l'essai que d'un talent supérieur. Mais la différence entre *Paméla* et *Clarisse* est si excessive, que l'on ne se figure pas d'abord que ces deux ouvrages soient sortis de la même main. Il n'y a personne qui, en lisant le dernier, n'ait été frappé du génie qu'il y a à avoir imaginé une jeune fille remplie de sagesse et de prudence, qui ne fait pas une seule démarche qui ne soit fausse, sans qu'on puisse l'accuser; à avoir donné à cette jeune prude l'amie la plus vive et la plus folle, qui ne dit et ne fait rien que de raisonnable, sans que la vraisemblance en soit blessée; à celle-ci un honnête homme pour amant; mais un honnête homme empesé et ridicule, que sa maîtresse désole malgré l'agrément et la production d'une mère qui l'appuye; à avoir combiné dans Lovelace les qualités les plus rares et les vices les plus odieux, la bassesse avec la générosité, la profondeur et la frivolité, la violence et le sang-froid, le bon sens et la folie; à en avoir fait un scélérat qu'on hait, qu'on aime, qu'on admire, qu'on méprise, qui vous étonne sous quelque forme qu'il se présente, et qui ne garde pas un instant la même. Et cette foule de personnages subalternes, comme ils sont caractérisés! combien il y en a! et ce Belford avec ses compagnons, et madame Howe et son Hikman, et madame Norton, et les Harlove, père, mère, frère, sœur, oncles et tante, et toutes les créatures qui peuplent le lieu de débauche? Quels contrastes d'intérêts et d'humeurs ! comme tous agissent et parlent ! Comment une jeune fille seule contre tant d'ennemis réunis n'auroit-elle pas succombé ? et encore quelle est sa chute !....

La cent vingt-quatrième lettre, qui est de Lovelace à son complice Léman, est un morceau charmant. C'est là qu'on voit toute la folie, toute la gaieté, tout l'esprit de ce personnage. On ne sait si l'on doit aimer ou détester ce démon. Comme il séduit ce pauvre domestique! C'est *le bon*, c'est *l'honnête Léman*. Comme il lui peint la récompense qui l'attend ! *Tu seras monsieur l'hôte de l'ours blanc ; on appellera ta femme madame l'hôtesse*. Et puis en finissant : *Je suis votre ami Lovelace*. Lovelace ne s'arrête point à de petites formalités quand il s'agit de réussir. Tous ceux qui concourent à ses vues sont ses amis....

Avec quel art ce Lovelace se dégrade et se relève ! Voyez la lettre cent soixante-quinze ; ce sont les sentiments d'un Cannibale. Quatre lignes de *post scriptum* le transforment tout-à-coup en un homme de bien, ou peu s'en faut *.

* Œuvres de Diderot, édit. d'*Amsterd.*, 1772, tom. 1, pag. 399 et suiv.

Après *Clarisse*, Richardson mit au jour un dernier chef-d'œuvre. Ce n'est plus ici un monstre familiarisé avec toutes les ruses de l'enfer, un Lovelace; c'est *Grandisson*, un être céleste en qui toutes les perfections qui se peuvent concevoir sont rassemblées; dont le caractère est un composé sublime de bonté, d'honneur, de générosité, de droiture et de franchise. Les qualités du cœur et de l'esprit, unies aux agréments naturels, font de miss Byron une femme accomplie. Son tendre embarras, les efforts qu'elle fait pour se déguiser sa passion naissante, les railleries de l'oncle Selby, ce qu'il appelle sa pénétration, tout cela a dans l'ouvrage un charme inexprimable.

La scène change, et le lecteur est porté en Italie. Là, de l'épisode de Clémentine naît une foule de beautés. Elle aime éperdûment le chevalier Grandisson; mais catholique, elle ne peut supporter la pensée de devenir la femme d'un protestant. Le combat que l'amour et la religion se livrent dans son cœur, amène un désordre extrême dans sa tête et dans ses idées. On a dit que le moment où Clarisse et Clémentine devenoient deux créatures sublimes, étoit celui où l'une perdoit l'honneur et l'autre la raison.

Les caractères sont encore ici de la plus grande vérité. Le marquis della Poretta et la marquise sa femme idolâtrent leur fille; mais ils s'abandonnent aux conseils de l'évêque son frère, qui trouve dans l'attachement de Grandisson à ses principes, une coupable obstination à rester dans l'erreur, et une insulte pour la famille della Poretta, et même pour l'épiscopat. Le jésuite Marescotti, directeur de Clémentine, croit tout accommodement dangereux pour sa pénitente; mais il n'entre pas dans son zèle de la fierté comme dans celui de l'évêque. Le général, second frère de Clémentine, prend beaucoup moins conseil de sa religion, que du témoignage qu'il sait se rendre de sa supériorité. Jeronimo, son autre frère, ne forme pas de vœu plus ardent que de voir son ami Grandisson, le mari de sa sœur; il voudroit inspirer à l'évêque et au général des sentiments plus modérés, sur-tout lorsque le chevalier ne demande rien que la raison n'ait demandé avant lui. Grandisson est un homme d'honneur qui s'est fait des principes que ni l'espoir d'un établissement et d'une fortune considérable, ni l'espoir plus touchant de posséder une femme charmante, ne sauroient ébranler; et ce qu'on voit avec autant de surprise que de plaisir dans l'ouvrage d'un protestant, nulle réflexion sur notre religion que le plus zélé catholique puisse prendre en mauvaise part : Je m'engage solemnellement à vous laisser l'exercice libre de votre culte, je ne vous demande pour moi que la même faveur ; ma conviction est égale à la vôtre ; la conscience et l'honneur me commandent ; je ne me rendrai certainement point indigne de votre alliance, en leur désobéissant.

Je ne sais cependant s'il n'y pas un moment où Grandisson prend trop d'avantage sur le père confesseur ; mais c'est le seul. La famille se reposant sur l'honneur du chevalier, lui et Clémentine ont un entretien dont les témoins sont écartés. Le père Marescotti, qui ne relâche rien de son zèle pour sa pénitente, s'est mis à prêter l'oreille à la porte du cabinet, et il est surpris dans cette posture humiliante, par le chevalier, qui partage plutôt son embarras qu'il n'en jouit.

Enfin la famille s'arrête au parti de la conciliation. La fierté du général et l'orgueil de l'évêque ont fléchi. Clémentine est seule inflexible, et n'en est pas moins admirable. Le chevalier, libre désormais, n'hésite plus à faire l'offre de son cœur à miss Biron, qui lui trouve toujours son prix, même au refus de Clémentine. Il court s'assurer du consentement de Henriette et de sa famille. On délibère si on lui offrira un logement au château de Selby. Madame Selby y trouve de grandes difficultés; les bienséances sont un point sur lequel il est impossible de passer. L'oncle n'y voudroit pas tant de façons; mais il n'est point écouté. *Maudite délicatesse!* dit-il tout bas à sa femme, en reconduisant Grandisson à sa voiture.

Je n'ai rendu compte encore que de la moindre partie des personnages du roman. Je n'ai parlé ni de la signora Olivia, cette italienne étrange qui suit Grandisson en Angleterre, et veut le tuer pour s'en faire aimer; ni de la jeune sœur du chevalier et de sa pétulante gaieté; ni du bon sir Rowland Merédith, lequel épargne à la modestie de son neveu une déclaration à miss Byron; ni de la foule des soupirants. J'ai passé sous silence la scène de sir Hargrave, où Grandisson paroît le plus brave en refusant de se battre, et nombre d'autres situations.

Ceux qui veulent que des deux romans de Clarisse et de Grandisson, la préférence soit due au premier, fondent leur principale objection, contre Grandisson, sur le caractère du héros. Sa perfection leur semble un défaut. Le roman, disent-ils, est comme un drame, une représentation de la vie humaine. Grandisson est un ange, et c'étoit d'un homme qu'il falloit faire le portrait. Si à cela on répond qu'autre chose est un roman, autre chose une pièce dramatique, et qu'il y a très-peu de romans, qui, adaptés au théâtre, pussent soutenir la représentation; si à cette remarque on ose en ajouter une autre, et que la critique veuille convenir que cette sorte d'ouvrage doit être aussi jugée sur son utilité morale, la balance penchera moins pour Clarisse. Son histoire et celle du chevalier Grandisson auront chacune, dans leur genre, toute la perfection possible. L'une aura rendu le vice plus odieux, l'autre, la vertu plus aimable.

Personne ne paroît avoir été plus pénétré du mérite extraordinaire de Richardson, que l'auteur de son éloge, ou plutôt d'un hymne en son honneur, qui m'a fourni heureusement l'article de Clarisse. Il s'écrie dans l'excès de son enthousiasme : « O Richardson, Richardson, homme » unique à mes yeux! tu seras ma lecture » dans tous les temps. Forcé par des be-

» soins pressants, si mon ami tombe dans
» l'indigence, si la médiocrité de ma for-
» tune ne suffit pas pour donner à mes en-
» fants les soins nécessaires à leur éduca-
» tion, je vendrai mes livres; mais tu me
» resteras sur le même rayon avec *Moïse*,
» *Homère*, *Euripide* et *Sophocle*, et je
» vous lirai tour-à-tour * ».

Si Richardson ne fut pas goûté d'abord, la raison en est apparemment dans les longues digressions auxquelles il aime à se livrer, et qui ne coupent pas toujours agréablement le fil des événements. Le reproche que nous faisons à nos voisins de manquer de ce tact fin, qui fait qu'on s'arrête précisément là où il faut, n'est pas dépourvu de fondement. Un ouvrage parfait seroit peut-être celui qu'auroit composé le génie anglois aidé du goût françois.

Le goût de l'abbé Prévost étoit trop sûr pour se borner à traduire son original. Il eut l'art de supprimer tous ces détails fastidieux, qui reviennent trop souvent dans Paméla et dans Clarisse. L'éloquent auteur

* Œuvres de Diderot, édit. d'*Amsterd.*, 1772, tom. 1, pag. 392. Nous ne croyons pas qu'on puisse pousser le délire philosophique plus loin. Placer Clarisse à côté de Moyse!.....

de l'éloge de Richardson n'adopte point les retranchements, et il en prend occasion d'une apostrophe assez vive contre le traducteur : *Vous qui n'avez lu*, dit-il, *les ouvrages de Richardson, que dans votre élégante traduction françoise, et qui croyez les connoître, vous vous trompez.* Ce trait et quelques autres semblables répandus dans l'éloge, qui se trouve à la tête de presque toutes les éditions de la version françoise, retranchent quelque chose du plaisir qu'on a de l'y voir.

Deux ans après l'*Histoire du chevalier Grandisson*, parurent les premiers volumes du *Monde moral*. L'auteur y introduit un personnage, dont le dessein est de rapporter ce qu'il fait et ce qu'il voit, à l'étude des hommes. La veuve inconsolable; son mariage avec frère Ambroise deux jours après la mort du premier mari; l'ecclésiastique de campagne qui a pensé se rompre le cou, en courant sur un bénéfice; les entrepreneurs de mines; l'usage qu'ils veulent faire chacun selon son goût, des immenses richesses que leur promet la découverte d'une mine d'or à la Trape; le projet de démolition du couvent, et la proposition qui en est faite aux religieux; la nièce du curé donnant sa main à un gentilhomme de son village, pour être dans vingt-quatre heures veuve et baronne, sont autant de peintures agréables dont l'esprit a souvent besoin avec l'auteur de Cleveland, pour faire diversion aux couleurs sombres, dans lesquelles il se plaît à tremper ses pinceaux. On pourroit former quelque objection contre l'épisode de mademoiselle Tékeli, un peu long dans un ouvrage qui semble promettre que les tableaux se succéderont rapidement; mais aussi on voit avec un vif intérêt une fille de quatorze ans, sans autre expérience que celle du couvent, partir pour aller convertir le hospodar de Valachie, son grand-père, à la foi catholique; puis le retrouvant à Constantinople, où il est condamné à perdre la tête, et n'imaginant dans son supplice qu'un glorieux martyre, se faire conduire, sans que ses amis puissent l'arrêter, au lieu de l'exécution.

Les *Mémoires pour servir à l'histoire de la Vertu*, furent composés sur l'anglois; ils sont en forme de journal; le commencement ne fait pas espérer de grands événements; mais, tout-à-coup, l'intérêt se déclare, et va toujours croissant. Si d'abord on s'arrête aux caractères, on verra, dans madame Arny, une douceur angélique, à l'épreuve de toutes les cruautés du sort ; dans le chevalier Bidulphe, son frère, un ton tranchant qui le dispense d'avoir raison; dans lady Sara, sa belle-sœur, des manières hautaines, et toute la sottise qui accompagne d'ordinaire la fierté; dans Falkland, des qualités surprenantes. Les situations ne le cèdent point aux caractères. Falkland enlève la maîtresse d'Arny, pour rendre à sa femme cet infidèle, et la générosité ne peut aller plus loin, puisqu'il aime lui-même madame Arny; la méprise de la Goring, qui prend d'abord son enlèvement pour une galanterie de Falkland, produit plus d'une scène réjouissante; mais elle en est bientôt désabusée, et il finit par lui présenter son laquais, et par lui persuader de l'épouser. L'empire qu'il laisse prendre sur lui à madame Arny est tel, que, libre par la mort de son mari, elle le fait consentir à passer dans les bras d'une autre femme, en faveur de qui elle a intéressé sa délicatesse. Vient ensuite l'épouvantable catastrophe, suivie du second mariage et de la mort de Falkland. La douleur sombre et muette de madame Arny; ce petit enfant, qui, se jetant à son cou, lui dit : *Verrai-je bientôt mon papa?* Tout cela déchire l'ame. Je n'oserois dire que

Varner ne fut pas supérieur à Falkland; la bienfaisance est un besoin pour ce Varner, et sa fortune n'étant pas moins grande que son cœur, il est heureux. La scène qui se passe chez madame Arny, est si touchante, et le caractère du marin si beau, qu'on le croiroit dérobé à Richardson.

Les deux derniers volumes ne se soutiennent pas auprès des quatre autres. Ils se rapportent à la famille de madame Arny, et ne présentent que des intrigues galantes, des perfidies d'amant. On peut se dispenser de s'y arrêter.

Almoran et Hamet, dans le roman de ce nom, sont deux frères jumeaux, héritiers de la Perse. A la mort du roi leur père, ils prennent ensemble les rênes de l'empire. L'un a tous les vices, l'autre toutes les vertus. Ceux qui goûtent le style oriental, peuvent se promettre du plaisir de cette lecture.

On lit à la tête des *Lettres de Mentor à un jeune Seigneur*, ce qui détermina le traducteur pour cet ouvrage. Il agitoit un jour dans un café de Londres, la question sur la prééminence entre les François et les Anglois; la conversation tourna en dispute, qui s'échauffa tellement, que ses adversaires désespérant de le vaincre par la raison, usèrent des voies de fait. La fin en auroit été tragique, si un honnête Anglois passant, ne l'eût arraché des mains de la populace; or cet Anglois étoit l'auteur des *lettres de Mentor à un jeune Seigneur*. Ainsi la reconnoissance a pu être, autant que le mérite des Lettres, le motif du traducteur, en supposant que l'aventure n'ait pas été imaginée, afin de prévenir en leur faveur.

L'Anglois y établit, pour ceux qui jouissent des avantages de la naissance et de la fortune, la nécessité de l'instruction. Tout homme qui s'est dévoué à une profession de laquelle il vit, peut être aisément excusé, s'il néglige des connoissances qui ne le conduiroient pas assez directement à son but. Le plus grand avantage qu'on ait sur les autres classes dans un rang élevé, et dont on ne se prévaut pas assez, c'est de pouvoir perfectionner son esprit, et diriger le but de ses occupations vers la plus noble partie de soi-même. La connoissance des hommes, est celle qu'il importe le plus à un grand de se procurer; il la devra à l'histoire qui réfléchit, comme une glace fidèle, leurs mœurs, leurs passions, leurs vertus, leurs vices.

L'auteur examine pourquoi il y a plus de goût à Paris qu'à Londres. Il en fait honneur à nos bibliothèques publiques, à nos académies, à nos universités.

Passant à l'examen de l'influence de la liberté sur le goût, il doute que si le gouvernement d'Athènes eût été absolu, les noms de ses peintres, de ses orateurs, de ses poëtes, nous fussent parvenus. Les grands écrivains, qui florissoient sous Auguste, avoient tous vu le jour avant la chute de la liberté. Ceux du siècle de Louis XIV naquirent pendant sa minorité et durant les troubles des guerres civiles, conjonctures fort contraires à la tranquillité des états, et très-favorables au génie.

L'auteur se demande enfin pourquoi la poésie fleurit davantage chez les Anglois que la peinture et la sculpture. Entre plusieurs raisons qu'il en apporte, en France, en Italie, et dans les pays catholiques, où les représentations des saints sont le principal ornement des temples, les artistes ont un motif d'émulation que la réforme a ôté en Angleterre.

Parmi cette foule d'ouvrages dont l'énumération vient d'être faite, il étoit difficile de n'en pas omettre; il suffira d'indiquer une *Histoire métallique des Pays-Bas* [1]; le premier volume de l'*Histoire*

[1] Trad. de l'angl., avec Van Esten, 1732. 5 vol. in-fol.

Universelle, traduit *du Président de Thou*[a], sur lequel Desfontaines s'est exercé; *Tout pour l'Amour,* tragédie angloise traduite[3]; le *Manuel lexique*[4], composé des mots techniques de la langue, et qui manquoit; neuf volumes du *Journal étranger*; et l'*Histoire de la maison de Stuart sur le trône d'Angleterre*[5], traduction de Hume[6]. Quoique ces dernières productions soient fort au-dessous de celles qui précédent, elles fourniroient, au besoin, la matière d'un second éloge de l'abbé

---

[a] 1733. in-4.°

[3] En 1735. in-12.

[4] 1755. 2 vol.

[5] 1756. 3 vol. in-4.°

[6] On cite encore quelques ouvrages qu'on attribue à l'abbé Prévost. En voici la note :

Aventures de Pomponius Atticus, chevalier romain, ou l'Histoire de notre temps. On en connoît trois éditions; la 1.re de 1725, et la 2.e et la 3.e de 1728.

Ce livre est une satire sur la vie du duc d'Orléans. Le fond de l'ouvrage est d'un père Labadie, bénédictin, Mort à Samer, à deux lieues de Boulogne. L'abbé Prévost, alors bénédictin, l'a seulement revu et corrigé.

On trouve dans le *Ducatiana*, tom. 1.er, pag. 106, la clef des Aventures de Pomponius Atticus.

Trois nouveaux Contes de Fées, par M.me de Lintot, 1735. in-12. On attribue la préface à l'abbé Prévost.

Revue des Feuilles de M. Fréron, 1756. in-12. Quelques personnes attribuent cet ouvrage à l'abbé de la Porte; d'autres à l'abbé Prévost.

Contes, Aventures et Faits singuliers recueillis de

Prévost; les unes et les autres étonnent moins par leur multitude que par le mérite des sujets, et par le charme continuel d'un style pur, élégant et plein de nombre. Ses journaux offrent une critique fine, judicieuse, exempte de fiel, et un choix heureux des matières sur lesquelles elle s'exerce. Ses traductions ne font pas soupçonner la contrainte. Dans ses histoires et dans ses romans, où il excelle surtout, on trouve un intérêt toujours soutenu, des mœurs singulières, qui attachent par leur singularité même; les passions y sont mieux rendues encore que les mœurs; sa narration est facile, coulante, et, pour ne rien déguiser, mêlée de digressions un peu longues et quelquefois inutiles. Ces taches légères auroient pu disparoître; mais il écrivoit avec une extrême vîtesse, et il revoyoit rarement ce qu'il écrivoit. Sans doute cette remarque n'avoit point échappé à la pénétration de madame la duchesse

---

M. l'abbé Prévost, 1764. 2 vol. in-12. On a, depuis, imprimé ce recueil avec ces mots : *Par l'abbé Prévost*. Ce qu'il y a de certain, c'est qu'il est écrit dans sa manière, et que les aventures sont du plus grand intérêt.

M.r *Dupuis* a publié un ouvrage ayant pour titre : *Pensées de l'abbé Prévost, précédées de l'Abrégé de sa Vie*, 1764. in-12.

On sait, en outre, que l'abbé Prévost travailla quelque temps au *Journal Encyclopédique*.

d'Aiguillon, lorsqu'elle lui disoit ce mot que nous avons déjà rapporté : *Vous pouviez mieux faire, mais personne ne pouvoit faire aussi bien*; apparemment que cette dame n'étendoit point l'application de ce mot à tout ce que l'abbé Prévost avoit écrit : témoin le trait suivant, moins connu, je pense. Il venoit de paroître de lui un ouvrage peu soigné; un homme de lettres, avec lequel il vivoit familièrement, ne put s'empêcher de lui en témoigner quelque chose. L'abbé Prévost qui n'avoit guère eu que des succès, et qui s'y fioit, lui dit : Vous avez raison, et cependant vous verrez qu'il ne manquera pas d'acheteurs; *Oui*, répondit son ami, *mais ce sera un grand bonheur si le premier que vous ferez, en trouve.* Il semble que cet ami ne connoissoit pas mal le public.

On a souvent répété, contre l'abbé Prévost, le double reproche de s'être plu à s'exercer de préférence sur les caractères et sur les événements les plus bizarres, et d'effrayer, sans relâche, l'esprit de ses lecteurs par des images terribles. Je ne sais si l'on ne réduira pas mieux ces deux critiques, à leur valeur, lorsque l'on considérera, à l'égard de la première, que personne n'a jamais entendu qu'un roman dût être une suite d'aventures communes, sans quoi le seul avantage qu'il a sur l'histoire, de porter sur des faits, plus souvent extraordinaires, lui seroit ôté. Il faudroit ensuite, pour la seconde difficulté, examiner si, dans ces mêmes ouvrages, ce ne sont pas des émotions que l'on cherche, et s'ils peuvent en faire éprouver de trop fortes. Thyeste reçoit de la main d'Atrée la coupe qui doit être le gage de leur réconciliation; et c'est du sang du fils de son frère, que le barbare vient d'égorger, que cette coupe est pleine. Il n'y a pas de plus grande atrocité. L'action cependant a lieu sur la scène, et le spectateur suit tous les mouvements de Thyeste, lorsqu'il porte la coupe à ses lèvres. Je crains qu'il n'y ait trop de sévérité à vouloir retrancher d'un roman, où tout est en récit, des choses que l'on souffre en action sur le théâtre.

Me permettra-t-on de terminer cet essai par une réflexion? C'est que les êtres sensibles que l'abbé Prévost attendrit sur la destinée de ses héros imaginaires, doivent au-moins quelques larmes à la sienne, et sur-tout à sa fin malheureuse.